Forr a dalom

Fodor András

Fodor András

Contents

Irta: Fodor András

A cimlapot rajzolta: Fodor András

Sajtó alá rendezte: Fodor András

A sajtó mellett összekeverte: Fodor András

A magyartalanságokat elkövette, kijavitotta és elfelejtette a szedőnek átadni: Fodor András, aki a fentieken kivül még egész csomó más dolgot is csinált, de ez nem tartozik ide.

Aki kölcsönadja ezt a könyvet olyan egyénnek, aki meg tudná venni, az egy 09őgseő7sie prjtpsioő dr7ft-99 uvkop vő7ő5

Ugyanez vonatkozik arra is, aki meg tudná venni, de inkább kölcsönkéri.

Fodor András

AJÁNLÁS

Ezt a könyvet angyali, türelmes, szép, fiatal, okos, jó, művelt, tehetséges, tökéletes feleségemnek ajánlom, mert próbáltam volna a Mancikának ajánlani...

Fodor András

ELŐSZÓ

Mielőtt az ember hozzákezd egy humoros könyv megirásához, illő, hogy legalább önmagával, kétszemközt tisztázza, mi is az a humor.

Előttem már sok ezren megkisérelték definiálni a humort, de eddig még tökéletesen senkinek sem sikerült. A legjobb vicc az, amin mindenki nevet. Talán ez a legjobb meghatározás. Megpróbálom néhány példával jobban megvilágitani a témát. Mint ahogy egyetlen kép többet mond ezer szónál, ugyanúgy egyetlen jó vicc felér egy kétkötetes tanulmánnyal, amely a humorról szól.

Amikor 1956 decemberében Kanada felé hajóztunk, angol tolmács voltam. Angol tudásom majdnem tökéletes volt, különösen akkor, ha olvastam a szöveget és szótáram is kéznél volt. Az amerikai filmeknek negyedrészét sem értettem meg, s ha a beszélő Angliából származott, akkor rendszerint csak arcjátékából vettem ki azt, hogy miről is beszélhet.

Egyik este a kapitány személyesen tisztelt meg bennünket a vacsorázó asztal mellett. Azt hiszem ir lehetett, de azt is valamiféle tájszólással beszélte, s amikor hozzámfordult, csak azt értettem, hogy le kell forditanom azt, amit mondani akar. Nagy figyelemmel hallgattam végig néhányperces beszédét, majd amikor az utolsó mondat végén nevetni kezdett, sorstársaimhoz fordultam:

-Uraim, a kapitány egy viccet adott elő, amit sajnos, nem értettem. Tegyünk úgy, mintha leforditottam volna és szivből nevessünk rajta.

Menekült társaim nevetni kezőek, s mintha egymást csiklandozták volna, a nevetés egyre harsányabb lett, a végén még tapsoltak is. A kapitánynak annyira tetszett a siker, hogy behivott kabinjába s elémtett egy vizespohár whiskeyt. Természetesen ő is, meg az első tiszt is ittak és nagyon jól elbeszélgettek egymással, miközben én csak bólogattam és ittam. Az erős italtól úgy berúgtam, hogy még ma sem józanodtam ki teljesen. Még ma is rózsaszinben látom a világot, s a legvalószinlibb az, hogy nem is vagyok humorista, csak részeg.

REPÜLÉS

Több izben emlitettem már, hogy nem szeretek repülni. Szeretném megmagyarázni ezt a levegőtöl való idegenkedésemet, s ezért elmondom legutóbbi repülésem történetét.

Már gyermekkoromban sem rajongtam a levegőért. Különösen télen. Amikor a szobákat szellőztették, mindig sirtam. Pedig akkor még azt sem tudtam, mi az a levegő-szennyeződés. Ez az iszony annyira megmaraő bennem, hogy ma, amikor orvosom melegen ajánlja a sétálást (friss levegőn), elöbb órákig tanulmányozom a térképet, összekapcsolva az időjárásjelentéssel, széliránynyal, légnyomással, felhősödéssel és hasonló tényezőkkel, mig eldöntöm, hogy szerintem merre kell elkocsiznom, hogy viszonylag friss levegőt szivhassak. Rendszerint másfél órát hajtok, öt percig sétálok, mig elszivok egy cigarettát, s ismét masfél órát hajtok - vissza.

No de térjünk rá a repülésre.

***

A montreáli repülőtér éppen havas volt, ami nem csodálatos, mert a montreáli repülőtér az év túlnyomó részében havas. Libasorban mentünk a ránk váró vancouveri repülőgép felé, amikor észrevettem, hogy egy fekete macska suhant át a havon és eltünt a szomszédos repülőgép csomagtartójában. Nem vagyok babonás, de nem szeretem, ha fekete macskák keresztezik az utamat különösen akkor, amikor repülőgépbe szállok. Odamentem hát a szomszédos gép pilótájához, aki éppen a fekete stewardessel cicázott és megveregettem a vállát.

-Ugy látom, potyautasa van. Most ugrott be a csomagok közé egy fekete macska - mondtam. A pilóta egy pillanatra elengeőe a nőt és rám mosolygott.

-Fekete macska, kis fehér pettyekkel az oldalán?

-Igen. Csak nem a magáé?

-Nem, - válaszolta - *de ismerem. Annak amacskának Miamiban van a barátnője és időnként meglátogatja...*

Kicsit idegesen kapaszkodtam fel a meredek lépcsőn a gépbe. Leültem és elővettem egy képeslapot. Már öt perce olvastam, amikor nagyon csinos szomszédnőm megforditotta kezemben a folyóiratot, mert forditva tartottam.

Meg kellett magyáznom neki, hogy ha nagyon unatkozom, igy szoktam szórakozást keresni, mármint hogy forditva tartom az ujságot és úgy olvasok. Nagyon kellemes időtöltés.

Néhány perc mulva a pilótánk kijött a fülkéjéből és bejelentette, hogy addig nem szállunk fel, mig az egyik motort ki nem cserélik a gépen. Ki kellett szállnunk, s egy órai ideges topogás után kapaszkoóunk vissza az utasfülkébe. Addigra a fekete macska már régen útban volt szive választottja felé.

Amikor ránk csukták az ajtókat, csak éppen időtöltésből megkérdeztem a stewardesstől, hogy kicserélték-e a motort.

-*Nem,* - válaszolta bűbájos mosollyal -*a pilótát cseréltük ki.*

Azután felvettük a derékszijat, eloltottuk a cigarettákat és máris a levegőben voltunk. Amint csökkent a halálfélelmem, lopva. oldalpillantásokkal mértem fel szomszédnőmet, aki - mint már emlitettem - feltünően csinos volt. A férfiak ilyen esetekben roppant találékonyak, s én sem különbözöm sokban a többiektől. Teljes félfordulatot vettem hát és egyenesen belekérdeztem a fitos kis orrába:

-*Meg tudná mondani, hány óra van?*

-*Kérdezze meg a stewardesstől* - válaszolta hidegen.

Nagyon mérges lettem.

-*Hogy lehet ilyen udvariatlan? Lehet, hogy életünk utolsó óráját éljük és akkor maga annyira sem érdemesit, hogy ránézzen a karórájára és közölje velem az időt?*

A nő erre felém fordult és igy még sokkal csinosabb volt.

-*Nézze* - mondta mézédesen - *ha udvariasan*

válaszoltam volna, akkor perceken belül beszélgetésbe elegyeőünk volna és maga meghivott volna a szállodájába. S miután maga egész jóképü férfi, valószinüleg el is mentem volna...

Itt abbahagyta. Nógatnom kellett, hogy folytassa.

-No és mi a rossz ebben?

-Soha nem lennék olyan férfinek a barátője, akinek még órája sincs.

Erre meg kellett mutatnom saját órámat, s rövidesen kiderült, hogy a beszélgetés abba az irányba halad, ahogyan megjósolta.

Kellemes társalgásunkat csupán az a nyolc-kilenc éves gyerek zavarta, aki fel és alá hancúrozott és ugrándozott a gép űlései között. Amikor a stewardess a kávéskocsiját tólta végig a gépen, akkor is ott ficánkolt a kisfiu és sikerült is kiütnie egy kávéscsészét a nő kezéből. A kávé kis része a stewardess szoknyájára fröccsent, nagy része pedig egy úr nadrágjára. Az úr dühösen törülgette nadrágját zsebkendőjével, s a kisfiu ijeően, nagy kerek szemekkel bámult rá. A férfi nagy lélekzetet vett, de láttam, erőt vett magán és csak ennyit mondott:

-Kisfiam, miért nem játszol kint?

A kellemetlenségek csak ezután kezdőőek. Hirtelen valamilyen légörvénybe kerültünk és a gép legalább száz métert zuhant. Amikor a szárnyak megkapaszkodtak a sűrübb levegőben, megkérdeztem utitársnőmtől:

-Bocsánat, nem zavarja, hogy a fülem ilyen erősen cseng?

Ezen jót nevettünk és minden rendben lett volna,

ha a pilóta, aki nem is egyszerű pilóta, hanem kapitány, be nem kapcsolja a hangszóróját. Elmondta, hogy időben fogunk megérkezni, majd felszólitott bennünket ismét, hogy hagyjuk abba a dohányzást és erősitsük fel a derékszijat. Ez nálam annál könnyebben ment, mert egész úton le sem vettem.

Viszont a kapitány egyre idegesebb lett, elfelejtette kikapcsolni a hangszórót és igy mindannyian hallottuk, amit a pilótafülkében beszéltek.

-Ma reggel - mondta a kapitány keserű hangon - ballábbal keltem fel. Utána ugyanezt a ballábamat megégettem, - mert túl forró volt a fürdővizem. Arcomat megvágtam borotválkozás közben, a cipőfűzöm elszakaő, amikor meghúztam. A reggeli kávém kifutott, a piritóskenyerem megégett. A kocsim nem indult be s kénytelen voltam taxival menni a repülötérre, ahol a taxis nem tudott visszaadni a tizesből, s igy oda kellett adnom a visszajáró három dollárt borravalónak, mert már úgyis elkéstem. És most itt van ez! A kerekek beragadtak s meg kell kisérelnünk a kényszerleszállást a gép hasán.

Mire a másik rezignáltan megjegyezte:

-Ma nekem is rossz napom volt, de én nem untatlak az apróságokkal. Elég, ha megmondom, hogy eltéveőünk és most valószinüleg valahol az Atlanti Oceán fölött repülünk ...

Fodor András

GAZDASÁGI VÁLSÁG

Dr. Yvonne d'Illish, világhirü közgazdásztól szerettem volna intervjút, aki a Legnagyobb Egyetemen tart eldtadásokat. Minden nehézség nélkül átjutottam a tüntető egyetemi ifjuság tömegén, mindössze két bordámat törték össze, mert detektivnek néztek, de amikor megmutattam ujságirói igazolványomat, már csak két kővet vágtak a fejemhez.

Azonnal a tárgyra tértem:

-*Professzor úr, szeretném hallani a véleményét a gazdasági válságról.*

-*Jawohl, mein Herr* - válaszolta csalhatatlan oxfordi dialektussal.

-*Ön német?* - kérdeztem csodálkozva. - *Ezzel a francia névvel?*

-Ez nem tartozik szorosan a gazdasági válság kérdéséhez, de elmondhatom, ha érdekli. Anyám a háboru alatt Párisban a földalatti mozgalom tagja volt. Apám tüdőgyulladást kapott és a föld alá került. Igy találkoztak össze.

-Hihetetlen - mondtam álmélkodva. - *A háboru alig huszonhat éve ért véget, Ön pedig ...*

-Ez az első világháboru alatt történt, maga csacsi!

-Akkor is. Édesapja meghalt és ...

-Ki mondta, hogy meghalt? A föld alá került, mert ott voltak a bunkerek. Anyám ápolónő volt a német hadseregben, de a francia földalatti mozgalomnak volt a tagja. Én pedig anyám nevét viselem. Ja fiam, ha ilyen egyszerii dolgokat nem tud megérteni, mit fog szólni a gazdasági válsághoz fűzött magyarázataimhoz?

-Rendben van Professzor úr, mi a véleménye a gazdasági ...

-Biztos, hogy érti? - vágott közbe. - *Mert amig ezt a kérdést nem tisztáztuk, nem mehetünk tovább.*

-A kérdést tisztáztuk. Halljuk a gazdasági válságokat.

-Hát kérem, ha nem mondja meg senkinek, elárulhatom, hogy gazdasági válságok tulajdonképen nincsenek.

-Hogy kivánhatja tőlem, hogy ne mondjam el senkinek, amikor ujságiró vagyok és cikket akarok belőle irni!

-Ha cikket ir, az más. Akkor irja meg, hogy Marx szerint azért vannak gazdasági válságok, mert a kapitalizmus túltermeli önmagát. Addig gyártják, gyártogatják a dolgokat, mig több lesz a raktárakban, mint amennyire a vásárló közönségnek szüksége van. A gyárak kénytelenek leállni, elbocsájtják munkásaikat, s ezáltal még jobban elmélyül a gazdasági válság, mert a tömegek vásárlóereje csökken. Vagyis, a rengeteg raktáron lévő holmit annál nehezebben tudják eladni. Erre a kereskedők is elbocsájtják alkalmazottaikat, amivel mégjobban elromlik a helyzet. S ez a helyzet addig tart, amig mindenki éhenhal.

-De Professzor úr! Eddig már sok gazdasági válság volt a világon és még sohasem rosszabbodott annyira a dolog, hogy mindenki éhenhalt volna!

-Hm. Akkor úgylátszik, Marx tévedett. Erről én nem tehetek! Én csak tanitom a közgazdaságtant, nem találom ki magamtól!

-Professzor úr, úgy tudom, a Szovjetunióban nincsenek gazdasági válságok, mert a tervgazdálkodással megelőzik a túltermelést.

-Ha-ha-ha. Das ist sehr gut! De mennyire megelőzik! Nemcsak hogy túltermelés nincs, de a termelés meg sem közeliti a szükségletet. Tudja miért? Mert ott van csak igazán gazdasági válság. Az emberek fizetése kevesebb, mint itt a munkanélküli segély és kevesebbet is dolgoznak, mint az itteni állásnélküliek.

-Rendben van. Hagyjuk azonban a politizálást. Hogy lehet segiteni a gazdasági válságon?

-Miféle gazdasági válságon?

-Ami éppen most van.

-Ja, azon? Hát kérem, többféle megoldás lehetséges.

-Ami segit a bajokon?!

-Hát igen, ez lenne az egyik megoldás.

-Mi a másik?

-Másik megoldás is többféle van.

-Hallhatok ezek közül egyet-kettélt?

-Hogyne, kapcsolja be a televiziót, amikor a miniszterelnök beszédet tart. Hallhat egy-két megoldási lehetőséget.

-Professzor úrtól szeretnék hallani valamilyen megoldást.

-Hát legyen. Ha ennyire erőszakos. Például, évi kétszázötvenezer emigránst kellene beengedni Kanadába.

-Értem...

-Dehogy érti! Mert itt több bökkenő is áll fenn. Először is, nincs kétszázötvenezer ember, aki Kanadába akarna jönni. De ha össze is tudnánk toborozni ezt a tömeget, akkor is kérdéses, hogy segitene-e a bajokon. Lehet ugyanis, hogy mindössze kétszázötvenezerrel több lenne a munkanélküli. Ilyesmit soha nem lehet eőre kiszámitani.

-Hagyjuk hát az emigránsokat. Mi a másik megoldás?

-*Közmunkákkal csökkenteni a munkanélküliséget.*

-*Értem! Ez azt jelenti, hogy több ember dolgozik, tehát több...*

-*Ne kotyogjon folyton közbe! Ki adja az interjút? Maga, vagy én? Ugyanis ez sem segít. Mert a közmunkákhoz közpénz kell, vagyis több adó. Akik több adót fizetnek, azoknak pontosan ugyanannyival csökken a vásárlóereje, mint amennyivel az ujonnan munkábaállitottaké emelkedik.*

Hosszú csönd következett, mig végre meg mertem szólalni:

-*De hát valamilyen megoldás mégiscsak lehetséges! Hiszen eddig is véget ért elöbb-utóbb minden gazdasági válság!*

-*Igen* - válaszolta idegesen - *véget ért, csak nem tudjuk, miért.* - Azután egyre indulatosabbá vált a hangja. - *Ha én tudnám, hogyan kell megszüntetni a gazdasági válságot, azt hiszi, tanár lennék ezért a nyomoruságos fizetésért? Ha tudnám a megoldást, akkor miniszteri tanácsadó lennék, vagy miniszter, vagy miniszterelnök, vagy még több ...*

Az intervjú végetért, s azóta is azon töröm a fejemet, hogy mire gondolt a professzor. Ki az, aki itt a miniszterelnöknél is több?

Fodor András

MEZTELENSÉG

A nő meztelen volt. Hófehér teste vakitotta a szememet. Lágy, nőies vonásai élesen ugrottak ki a sötét háttér mögül. Szivem a torkomban dobogott, lélekzetem felgyorsult, szinte kapkodtam a levegőért. Szemeim rátapadtak testére, s lassan elindultam felé. Huncut mosoly suhant át arcán és az asztal mögé szalaő, miközben aranyos haja hivogatóan csillant meg a lámpa alatt. Egyetlen ugrással mellé kerültem, elkaptam csuklóját és közben a másik kezemmel eloltottam a villanyt.

Húsz éves voltam...

***

A nő meztelen volt. Feszes mellei még jobban megfeszültek, amikor karjait kitárta felém. Csipője kereken ugrott ki karcsú dereka alatt. Mosolyogva néztem, azután lassan a nyakkendőmhöz nyúltam és elkezőem kioldani a csomot.

Negyven éves voltam...

***

A nő meztelen volt. Amikor beléptem a szobába, hozzám jött, megsimogatta gyérülő hajamat, azután átölelt és hozzám simult. Én pedig leültem a karosszékbe, egy rántással meglazitottam a nyakkendőmet és rámosolyogtam.

-*Ma fáraő vagyok* - mondtam. -*Hol az ujság?*

Hatvan éves voltam ...

***

A nő meztelen volt. Micsoda erkölcstelenség, hogy ezek a fiatal csitrik igy, anyaszült meztelenlűl szaladgálnak a lakásban. Az embernek lesül a bőr az arcáról. Istenem, mi lesz ebből a világból? Amikor fiatal voltam, akkor ilyesmi még nem jutott eszükbe... Akkor a lányok még szemlesütve jártak az utcán... De hát, az egész világ romlott már, megérett a pusztulásra. Pfuj!

Nyolcvan éves voltam ...

A CSILLAGOS ÉG

A csillagos ég ma is olyan, mint harminc évvel ezelőt volt, sőt - nagyjából olyan, mint háromezer, vagy harmincezer évvel ezelőtt. Apró kis változások történtek csak, s az ősember körülbelül ugyanolyannak látta éjszaka az eget, mint mi.

Mégis sokminden megváltozott a csillagokkal kapcsolatban az utolsó néhány évtized alatt. Amikor Einstein kijelentette, hogya fény sebessége állandó és nem függ a fényforrás mozgásától, akkor szomszédunk, Körcsögi bácsi megkérdezte édesapámtól:

-Na és jó ez nekünk, bútorkereskedőknek?

Apám nem volt bútorkereskedő, tehát nem tudhatta.

Ha valaki akkoriban felsorolta, hogy a bolygók milyen távolságra vannak a Földtől, milyen pályát futnak be, mi a helyzet az állócsillagokkal, s hogy a Tejúton kivül még számtalan hasonló galaktika létezik, akkor Körcsögi bácsi és a többiek csak azzal válaszoltak, hogy:

-Bumm, és akkor mi van?

Ami magyarra leforditva azt jelentette, hogy nekünk teljesen mindegy, hogy a Marsnak fázisai vannak-e, holdjai, vagy gyerekei.

S ma mégis ott tartunk, hogy az Egyesült Allamokban kb. egy millió ember él abból, hogy rakétákat küldünk a világlűrbe. A Szovjet-Unióban valószinüleg ugyanannyi ember dolgozik az űrrakétával kapcsolatos iparokban, s ezek minden nap két ingyen feketekávét kapnak úttörő munkájuk jutalmazásaként. A fizetésükből ugyanis nem telik feketekávéra.

Még emlékszem arra, hogy fiatal koromban kifeküdtem a meleg nyári éj szakákon a rétre (ha volt éppen rét a közelben, ami rendszerint csak nyaralásom alatt történt), s elnéztem az ezer és ezer látható csillagot. Ma, ha felnézek az égre, csak néhány csillag látható. Ennek nem az az oka, mint az ember logikusan hihetné, hogy a csillagok kipusztultak, hanem a füst, korom, köd, pára, gőz és mind az asok levegőben lebegő apró részecske, amely az iparosodás következtében került oda és eltakarja előlünk az eget.

A csillagok ma is ott vannak a helyükön, infravörös fényképezőlemezre lefotografálhatók, amiről a csillagászok tudnak is.

A Nap is minden nap befutja szokásos pályáját, s tévedés azt hinni, hogy csak világosságot ad, meleget nem. Más országokban nem olajfűtésű kályhákból nyerik a meleget és nem kvarclámpánál sülnek le az emberek, hanem a Nap melegit és bamitja az emberek bőrét. Ha ezt montreáli polgártársaim közül valaki kétségbevonná, menjen csak el bármelyik utazási irodába, s majd meglátja, milyen meleg országok léteznek ezen a földtekén.

Na és itt a Hold, amelyről legelőször kellett volna beszélnem. Itt van a közelünkben, háromnapi járásnyira, illetve repülésnyire. Száz évvel ezelőtt három nap alatt nem lehetett Szibérián átutazni. (Azt hiszem még ma is tovább tart.) Ma elrepülünk a Holdba, s ott ugrálgatunk, mint a gyerekek, kitűzzük a zászlócskát (mint a gyerekek), játszunk a homokban (mint a gyerekek), avagy innen lentről irányitjuk a villanyvonatot, akarom mondani a felfedező tankot.

Sok-sok milliárd dollár és rúbel kiadásával (vagy úgy is mondhatjuk, hogy sokmilliárd emberi munkaóra ráforditásával) megtudtuk azt, hogy a Hold gömbölyű, rengeteg krátere van, levegője nincs, felszinét különböző kőzetek boritják és fázisai vannak, mint a Marsnak, s ugyancsak nincsenek gyerekei. Mindezt száz évvel ezelőtt is tudták a csillagászok, s mindössze ötvendolláros távcső állt rendelkezésükre.

Vannak azonban pozitivumok is. A tér-technológia annyira fejlődött, hogy ma már minden gyerek el tud képzelni a Holdon egy világűrhajó végállomást, ahonnan sokkal kevesebb tüzeldtanyaggal sokkal messzebbre lehet eljutni. Vagyis: amennyiben elpusztitanánk a Földet, a Hold az a hely, ahonnan el lehet jutni valamilyen másik bolygóra, amit majd szintén elpusztithatunk.

Mindenesetre vigasztaló, hogy ha már beszennyeztük a Föld levegőjét teljesen, megmérgeztük a tengereket, folyókat és tavakat, akkor még mindig rendelkezésünkre áll a Hold és a többi bolygó, amit megfertőzhetünk.

Nem tudom, véletlen szerencse, vagy előre megfontolt természeti szabály az, hogy nincs a Világegyetemben olyan energia összpontositás, amellyel egész galaktikákat el lehetne pusztitani. Mert ha lenne, akkor mi, emberek feltalálnánk.

S ahogy felnézek az Égre és látom azt a néhány még látható csillagot vibrálni, arra gondolok, hogy talán nem is vibrálnak, hanem reszketnek ...

FORR A DALOM

Valójában a humor forradalmasitásáról szeretnék beszélni. De a "forradalom" szó leirása veszélyekkel járhat, előfordulhat, hogy aki elolvassa ezt a cikket, azonnal kihivja a rendőrséget, vagy behivja a katonaságot, ezért álcáznom kellett már a cimet is. Forr a dalom, ez a rövid magyar mondat úgy értelmezendő, hogy feltettem a dalomat egy fazék vizben a kályhára. Forró szerelmi dalt csak úgy lehet késziteni, ha az ember elöbb felforralja. Sőt, csak forralás közben jó, mert utána a dal vagy megfő és megpuhul, amely esetben már nem használható, vagy elázik, amiről még nem is hallottam eddig. Az már előfordult, hogy valaki elázott és akkor kezdett dalolni, de ez egészen más.

Gondoltam arra is, hogy cikkemet a "Forrad a lom" cimmel álcázom. Elképzelhető valamilyen lom, amig megvág az ember, s azután bekötözi, amig beforrad. Mielőtt eléri a teljes beforradást, akkor forrad a lom.

Ha már beforrt, akkor heg képződik a forradás helyén. Akkor már heges a lom. Igy nyerte nevét Hegeshalom.

A humor forradalmasitása ugyanúgy történik, mint minden egyéb forradalom. Először is le kell rombolni mindent, ami régi. El kell égetni Karinthyt és Leacockot, Shakespeare és Moliere vigjátékait. Máglyára kell rakni az összes vicces könyveket és mindenkit, aki csak egyetlen régi viccet is tud. Össze kell törni a tel~viziós készülékeket, amelyekben vidám m{isort adnak le és börtönbe kell zárnia humoros irókat, kómikus szinészeket. Miután mindent leromboltunk, ami régi és vicces, vidám és humoros, akkor össze kell hivnunk a Központi Bizottságot és meg kell állapitani, hogy mi legyen az uj humor irányvonala. A Bizottság elhatározhatja, hogy az uj humor legyen humoros, de úgy is dönthet, hogy az uj humor legyen komor.

De a forradalom humorát a legjobban példákkal világithatjuk meg. A forradalom előt a vicc igy hangzott:

Fiatal, kissé molett leány áll az utcai mérlegre és bedob egy centet. Látszólag sokallja az eredményt, mert leveszi a kabátját, a mérleg mellé teszi, azután ismét bedob egy centet. Még mindig soknak találja azt, amit a mutató mond, ezért lerúgja cipőit is, ujra feláll a mérlegre, s kutat táskájában egy centes után. Hamarosan rájön, hogy elfogyott a rézpénze, s már féllábbal leszállt a mérlegről, amikor egy jóképű fiatalember rászól:

-Most hagyja abba, amikor kezd izgalmas lenni? Folytassa csak, nálam van még egy csomó egycentes.

***

Sajnos, rossz példát hoztam fel, mert ez a vicc

forradalom után nem mesélhető el semmilyen formában. Ugyanis a leány nem lehet molett, mert ahhoz nincs elegendő ennivaló. Nincsenek utcai mérlegek, amikre rá lehetne állni, nincs kabátja, amit levehetne és sem neki, sem a mögötte álló jóképü fiatalembernek nincs egyetlen centje sem.

Tegyük fel, a vicc kedvéért, hogy mégis megmaradt a forradalom után egy utcai mérleg és maradt néhány pennyje a fiataloknak, akkor a cipőlerúgás után a vicc úgy folytatódhat, hogy a fiatalember azt mondja a nőnek:

-*Jöjjön fel a lakásomra, a fürdőszoba mérlegemen meztelenűl is lemérheti magát és egyetlen fillérjébe sem kerül.*

Hogy mi ebben a vicc? Az, hogy a kislány elfogadja a meghivást, felmegy a fiu lakására, levetkőzik, leméri testsúlyát meztelenül a fürdőszobamérlegen, azután felöltözik, megköszöni udvariasan a fiu szivességét és hazamegy.

A fiu pedig, akinek ez az egész ügy nem tünik fel tréfásnak, ujra lemegy az utcára és azokkal a kislányokkal próbálja elsütni a fürdőszobamérleg viccet, akik ráállnak az utcai mérlegre.

Fodor András

PÉNZÜGYI TRANZAKCIÓ

-Megyünk Miámiba - mondtam a fűszeresnek.

Mellettem állt egy férfi, akinek a télikabátja ugyanolyan kopott volt, mint az enyém.

-Repülnek? - kérdezte anélkül, hogy bemutatkozott volna.

-Nem - válaszoltam röviden.

-En majd csak január végén megyek. Nekem nagyon olcsó a repülőjegy, mert a lányom az Air Canada-nál dolgozik...

-Én akkor sem repülnék - feleltem gőgösen, - *ha ingyen adnák a repülőjegyet.* - Persze, ezt azért mondtam, mert még eddig soha senki sem próbált

nekem ingyen repülőjegyet adni Miámiba. Megértően bólogatott, azután hirtelen bizalmasan hozzámhajolt:

-Nézzen körül... vennék egy szállodát... adnék hozzá ötven-hatvanezer dollárt, ha találnék valakit, aki beszáll társnak.

Szemrebbenés nélkül válaszoltam neki:

-Benne vagyok én is ötven-hatvanezerrel ...

Felirta a telefónszámomat.

Itt kell felvilágositani az olvasót arról, hogy sem ötven, sem hatvanezer dollárom nincsen, nem is volt és nem is lesz. Amint a fentiekből kitünik, számokkal le sem tudom irni ezt az összeget és még leirva is csak az ujságokban láttam eddig.

Mire elindultunk Miámi felé, már régen elfeledkeztem a fűszeresnél folytatott beszélgetésről. Minden figyelmemet arra összpontositottam, hogy estig elérjünk arra a helyre, amelyet feleségem kijelölt, mert ott két dollárral olcsóbb a motel ...

***

Már jóformán azt is elfelejtettem, hogy valaha Miámiban jártunk, elfelejtettem a kutyaversenyt és a lusta kubai pincéreket, amikor megszólalt a telefónom:

-Szörcsögi vagyok - mondta egy férfihang és egyetlen pillanatig sem kételkedtem abban, hogy tényleg Szörcsögi. Csak éppen nem tudtam, ki ő és merre van hazája. De hamarosan megtudtam.

-Nem emlékszik rám? A fűszeresnél találkoztunk és megkértem magát, hogy nézzen Miámiban valami

szállodát.

-Hát persze, hogy emlékszem.

-Na, és nézett?

-Néztem bizony, nem is egyet.

-Na és?

-Tudja, egyetlen egy szállodát érdemes ott megvenni. Az a Fountain Bleu. De kicsit sokat kérnek érte. Hatszázezer dollárt és kétszázezer készpénz kell. Opcióm van a megvételre, de nekem nincs egy fillérrel sem több erre a célra százezer dollárnál.

-Százezer egy kicsit sok - mondta Szörcsögi - de majd meglátom, mit tudok csinálni. Holnap visszahivom.

Letettem a kagylót és már meg is feledkeztem volna az egészől, ha feleségem rámszegezett szúrós szemei nem feszélyeztek volna.

-Mi az szivem? - kérdeztem. Talán neked nem kell a Fountain Bleu?

-Ha már hazudsz, hazudjál úgy, hogy hihető legyen. A Fountain Bleu-t még akkor sem lehetne 5-6 millión alul megvenni, ha el akarnák adni.

-Ami csak azt bizonyitja, hogy milyen jó vételt ajánlottam a Szörcsöginek.

-Es ha mindez igaz lenne, honnan vennéd a százezer dollárt? - kérdezte angyali nyugalommal angyali feleségem. Borzasztó, hogy huszonhat évi házasság után még mindig nem bizik bennem ez az asszony.

-Ha mindez igaz lenne - válaszoltam - *akkor össz-espórolnám a százezret, mire elérkezik a szerződés aláírásának időpontja.*

***

Másnap este megint hivott Szörcsögi:

-Együtt van a százezer dollár. Mikor adhatom oda?

-Akár most azonnal.

-Igen, de mielőtt elmegyünk az ügyvédemhez, szeretném áttanulmányozni azt az opciót.

-Azt most nem lehet, mert a bankban van, a széfben.

-Akkor holnapra hozza ki és összeülünk valahol.

-Jó, de elöbb hivjon fel.

Letettem a kagylót és ismét feleségem szúrós szemeivel találkoztam.

-Miért nézel igy rám? - kérdeztem.

- Csak azért - felelte szokásos nyugalmával - *mert huszon hat éve, amióta a feleséged vagyok, nem tudtál félretenni öt dollárt, amennyibe egy depozit széf bérlete kerül egy évre.*

Büntudattal hajtottam le fejemet.

-Tényleg, amióta a feleségem vagy, azóta nem tudtam félretenni egy fillért sem. De mielőtt a felesé-gem lettél...

Sikerült elkapni a fejemet a felém repülő telefonkönyv elől. Egyúttal meg kellett igérnem, hogy abbahagyom a tréfálódzást Szörcsögivel. Ugyanis ekkor már a Yellow Pages is nejem kezében volt és megigérte, hogy másodszor jobban fog célozni.

Másnap mindenesetre bementem a fűszereshez.

-Ismeri közelebbről a Szörcsögit? - kérdeztem tőle.

-Azt a bolondot? Hogyne ismerném! Három hónapja jött ki a verduni szanatóriumból. Tudja, még mindig... - s jobb mutatóujjával kiskőröket irt le a halántéka körül.

***

Másnap Szörcsöginek megmondtam telefónon egészen őszintén, hogy mástól jobb ajánlatot kaptam és az ügy tárgytalan...

Kicsit morgott az öreg, azt mondta nem szép tőem, hogy kihagyom az üzletből, amikor ő adta a tippet, de megvigasztaltam, hogy talán megveheti a Barcelonát, ami szintén nem a legrosszabb üzlet...

***

Tulajdonképen itt vége a történetnek. Néhány hónappal később ügyvédemmel tárgyaltam éppen, amikor megszólalt a telefónja. Akáratlanúl kihallgattam a beszélgetést.

-A Szörcsögi csekk simán átment... igen, kétszázezer dollár... már át is tettem a szálloda számlájára... igen... hogy nem hitte volna?... persze, a családja miatt volt a bolondok házában, mert roppant könnyelműen kezelte a vagyonát... igen, igen, azóta meggyógyult...

***

Azóta vigasztalhatatlan vagyok. Hiába próbálja feleségem bebeszélni nekem, hogy ha tudtam volna a valóságot, az sem segített volna a dolgon, mert hiába volt a Szörcsöginek akármennyi pénze, nekem nem volt...

S ha jól meggondolom, az egész ügy valószinüleg azon bukott meg, hogy nem volt öt dollárom arra, hogy széfet béreljek a bankban, ahol letétbe helyezhettem volna az opciót, amit kétségtelenül sikerült volna megszereznem.

Most minden nap bejárok a fűszereshez. Minden nap otthagyok egy csomó pénzt, mert hátha egyszer összetalálkozom a Szőrcsögivel és mégis sikerül vele valamilyen üzletet csinálni, közösen.

MILYEN MOSÓPORT VEGYEK?

Már az előszobában voltam, kabátban, indulófélben, amikor feleségem kikiabált a fürdőszobából:

-Légy szives, hozzál egy doboz mosóport is!

-Milyen márkát? - kérdeztem, mert preciz ember vagyok.

-Mindegy - mondta feleségem a bölcsek beletörődésével.

A garázsban már valami izgalmas bizsergést éreztem. Nekem kell eldöntenem, hogy a következő hetekben milyen tiszta lesz a fehérneműnk, mert hiszen nyilvánvaló, hogy minden a mosópor márkájától függ. Sok dologban kellett már döntenem ebben az életben, (s a döntés rendszerint nem a legjobb megoldáshoz vezetett), de ilyen fontos ügyben még talán soha nem kérték ki a véleményemet. Időm van, most gondosan mérlegelhetem a helyzetet, hiszen a televizióban legalább ezerféle mosóport hirdetnek... vagy ha nem is ezret, de legalább százat... vagy még kevesebbet. Ugy látszik, nem is lesz nehéz a döntés, hiszen alig néhány gyártmányról lehet szó.

Itt van rögtön az a zöld por, a Pik és Pan, ami jobb, mint a folyékony tisztitószerek, mert a vizben engedi ki az erejét. Igaz ugyan, hogy folyékony tisztitószerről szó sem volt. A mosópor határozottan por és nem folyadék. Lehet, hogy a zöld por jobb a folyékony dolgoknál, de ki tudja, jobb-e a többi poralakú mosópornál?

De haladjunk szisztématikusan. A TAB is kitünő szer lehet, s még irigyen szines törülközőt is adnak vele. Kis csomaghoz kis törülközőt, nagy csomaghoz nagyot. Igaz ugyan, hogy amennyi helyet a törülköző elfoglal, az a mosóporból hiányzik, s ehhez elsősorban azt kellene tudnom, hogy mi a súlya egy doboz mosópornak, s mennyit nyomnak a különböző nagyságú törülközők. Majd egyszer lemérem.

Mi a helyzet a Hide gyártmánnyal? Abban XK van, arra emlékszem, de még soha senki nem magyarázta el nekem, hogy mi az az XK. Valamiféle titkos recept lehet, mint amilyen a csekkhamisitók vegyszere, amellyel eltüntetik a tintát a papirról. Hát igen, viszont nekem nem tintát kell eltüntetnem papirról, hanem közönséges poros piszkot kell kimosnom a fehérnemüből. Meg a zsebkendőimet kell kimosnom, mert még ma sem szoktam meg a papir zsebkendőt.

Talán az Apex nevű fehér tornádót választom. Bár nem szeretem az erős szelet, s tulajdonképen ez is folyékony, s ha már folyékonyat veszek, akkor inkább a zöld port választom, ami jobb, mint a folyékony.

Na és az a hogyacsudába hívják, amelyikben különböző szinű szemcsék vannak? Fehér, zöld, sárga, csupa hókusz-pókusz. Akkor már jobb az XK, amiről az ember mégiscsak feltételezi, hogy egy őrült tudós találmánya, amely a legmakacsabb piszkot is kiveszi. De mit mondanak a szines szemcsék? Semmit. A szappant is be tudják festeni, s volt már dolgom zöld, sárga és rózsaszinü szappannal, sőt, krémszinűvel és fehérrel is, de a tisztító képesség nem a szappan szinétől függött, hanem a márkájától. Erről van éppen szó. A márkát kell gondosan megválasztani, s akkor teljesen mindegy, hogy milyen a mosópor szine.

A napokban láttam egy kitünőt, a nevére már nem emlékszem, de kivette a kisfiú trikójából a lekvárfoltot. A lekváros trikón fekete-tussal körülrajzolták a foltokat, s azután mutattak egy vakitóan tiszta trikót, amelyen csak a tus-karikák láthatók. Már sokszor össze akartam hasonlitani a fekete karikákat, már úgy gondolom azt, amit a folt köré rajzoltak, azzal, amit a fehér trikón mutatnak, de mindig úgy elkapkodják a képet, hogy nincs idő alapos megfigyelésre. De én különben is ritkán szoktam összelekvározni a trikómat.

Jaj, majdnem megfeledkeztem arról a mosóporról, amelyben kis állatfejecskék vannak, amelyek felzabálják a piszkot. Talán még ez lenne a legjobb! De mi történik, ha nincs elég piszok a házban és a kis állatfejecskék éhesek maradnak? Talán megzabálják a bútorokat, a képeket, a szőnyeget (a piszokkal együtt), meg a hűtőszekrényt.

Hogy lehet ebben a rengetegben megtalálni az igazit? Melyik a legjobb mosópor? Melyik az a márka, amely jobban tisztít, mint a többi?

Határoznom kellett, mert már a fűszeresnél álltam és mint ahogyan eddig minden problémát megoldottam az életben, most is döntöttem. Emelt fővel álltam a fűszeres elé:

-Kérek egy mosóport - mondtam határozottan.

-Milyen márkát? - kérdezte a kiszolgáló, miközben keze már nyúlt a különféle mosóporokkal megrakott polc felé.

-Mindegy - feleltem és feleségemre gondoltam. Hosszú házasságunk alatt talán még soha ilyen közel nem voltunk egymáshoz lélekben és bölcs beletörődésben.

PORNOGRÁF CIKK

Ez a cikk férfiakról és nőkről szól, s ez már kezdete a pornográfiának. Ugyanis, ha egyszerüen csak emberekről irnék, akkor mindenki a Homo Sapiens-re gondolna, arra a kétlábon járó élőlényre, akinek viszonylag nagy és fejlett az agyveleje, kezeivel szerszámot készit és tönkreteszi maga körül a természetet. Mivel azonban férfiakról és nőkről akarok irni, ezzel máris kihangsúlyoztam a két nem közötti különbséget. A férfi a himnemű Homo Sapiens, a nő pedig a nőnemű. A kettő közötti lényeges különbség az, ami elengedhetetlen a pornográfiánál.

Valójában régimódi ember vagyok, nem akarok disznó szavakat használni, amit ma már az irodalomban is elfogadnak. Azonban erre nincs is szükség, mert abban a pillanatban, amint férfiről és nőről közösen irok, minden szó disznóvá válik. Egyszer végtagok emlitése, mint például kar, nyak, láb, rögtön disznóvá válik, ha a két nemről együtt beszélek. Például: "meztelen lábát a nyaka köré fonta…" és senki ne vádoljon meg azzal, hogy ebben a mondatban a "fonás" szó a disznóság. A legegyszerűbb jelzők disznósággá változnak, ha férfi és nő összekapcsolásával használom. Például: elöl, hátul, alul, kint, bent, stb.

A mostanában olyan divatos Women's Liberation mozgalom, vagyis a nők felszabaditása éppen ennek a nembeli különbségnek eltüntetésére irányul. Amire a franciák azt mondják "Vive la difference", vagyis éljen a különbség, mármint ami a két nem között van; azt ez a mozgalom el akarja nyomni, s be akarja nekünk beszélni, hogy tulajdonképen semmi különbség nincs.

Egyik kanadai tartományban már törvény van arra, hogy aki hirdetés útján alkalmazottat keres, annak nem szabad nemet emlitenie. Nincsen külön férfi-állás meg női-állás, csak állás van. Tegyük fel, valamelyik szinház a Rómeó és Júlia cimszerepéhez Júliát keres, akkor nem kérhet erre a célra nőt. S ha netán Kohn bácsi jelentkezik a szerep eljátszására, akkor a régi viccnek éppen az ellenkezője áll elő. Nem mondhatják neki, hogy azért nem veszik fel a szerep eljátszására, mert férfi, inkább azt hazudják, hogy antiszemiták és zsidókat nem alkalmaznak.

De azért a hirdetők kijátsszák a törvényt, mert minden törvényt ki lehet játszani. Például, hogy a pornográfiánál maradjunk, bordélyház keres alkalmazottakat. Mivel sem a "bordélyház" szó, sém a nők nem emlithetők a hirdetésben, valahogy igy fogalmaznák meg a szöveget:

"Valamikor jóhirü ház keres fiatal alkalmazottakat, utcasarki gyakorlattal."

Erre a hirdetésre biztos, hogy nem fog jelentkezni Kohn bácsi.

Még ma sem tudom, mi a különbség a modern szekszi irodalom és a pornográfia között. A modern irók azt tartják, hogya naturalizmushoz hozzátartozik az is, hogy az embereket úgy beszéltessék, ahogyan az életben beszélnek. Ha valamelyik jellemük kacskaringósan szeret káromkodni, hát leirják a legnagyobb kacskaringókat is és a legtrágárabb szavaktól sem rettenek vissza, a naturalizmus szent érdekében. Azt nem értem csak, hogy ha enynyire naturalisták, miért nem irják le, hogy hányszor megy ki a hősnő a W .C. -re naponta, kisebb-nagyobb dolgainak elvégzésére, mert hiszen ez is természetes, ezt minden hősnő megteszi az életben. Miért nem irnak erről is? Esetleg részletekbe is lehet bocsátkozni. Vannak még az életnek egyéb természetes funkciói is, amelyek bármilyen természetesek is, nem túlságosan gusztusosak. Ezekről miért nem irnak a naturalisták, ha csak az a céljuk, hogy természetesek legyenek? Sohasem olvastam még a következő jelenetet:

"Emilia ekkor hirtelen úgy érezte, hogy hasgörcse támadt. Megkisérelte azt, hogya kitörő szeleket elnyomja, de nem sikerült neki. S ez a sikertelenség hamarosan érezhető lett körülötte. Kinosan feszengett székén, majd hirtelen elhatározással felugrott és elindult a mellékhelyiség felé. Ahogyelhaladt a társaság tagjai mellett, bübájosan mosolygott jobbra-balra, s hascsikarásának mellékterméke uszályként követte a termen keresztül".

Emiliának még egyéb kalandjai is lehetnének, teszem fel az, hogy elkésve érkezne a mellékhelyiségbe, ami újabb komplikációkra adhatna alkalmat az irónak.

Vagyis végig lehetne disznókódni a könyvet egészen naturalista dolgokkal anélkül, hogy a szekszi részeket kihangsúlyoznák. Egyszer majd irok egy könyvet, melynek az lesz a cime: "Az ukrán betegség, hányinger és különböző vérzések - társadalmi dráma."

Feledkezzünk meg erről a kis kitérőről és térjünk vissza a pornográfiához. Legyünk őszinték, az emberek szeretik a pornográfiát és szeretnek disznókodni is. Ez viszont mindjárt másként hangzik. Nem naturalizmus kell az embereknek, hanem disznóság. De az sem egyszerűen, durva formában, mert az közönséges. Finom pikantéria, vagy szellemes disznóság. Ezt mindenki szereti, de nagyon kevés szerzőnek sikerült ilyen témáról irnia.

A régi regényekben is előfordult mindenfajta esemény, ami a maiakból sem hiányzik, a különbség a hangsúlyon és az eldtadás módján van. A régi regényekben is volt törvénytelen gyerek, de az arról szólt, hogy milyen szenvedéseken ment át a törvénytelensége miatt, s ezzel elriasztotta az embereket a törvénytelen gyerekek előállitásától. Ma azt irják le, hogy a törvénytelen gyerek előállitása milyen örömet okoz a szülőknek, s ezzel bátoritják őket a további törvénytelen gyerekekre.

Azelőtt a regényekben szereplő hűtlen asszony a társadalom nem-kivánatos eleme volt. Ma csak az ilyen asszony kivánatos. A férfiak azt sajnálják, hogy nem velük csalta meg a férjét, a nők pedig azt, hogy nekik nem állt módjukban.

Mindez csak egyet bizonyit: az irók ne akarjanak nevelni. Az irók szórakoztassanak, s ha a közönség a szekszi történeteket szereti, elégitsék ki a közönség kivánságát. Nem kell naturalista ürügyeket keresni.

Irjanak pornográf történeteket, s ha a közönségnek tetszik, gazdagok lesznek. Ezért irtam ezt a cikket.

Fodor András

RAJZOS TÖRTÉNET

Már többször előfordult rögös életem folyamán, hogy évekig kuporgattam különféle rajzokat, s amikor már megfelelő számban összegyűltek, irtam a rajzokhoz valamiféle történetet. Eppen ezért nem lepett meg, amikor tündéri feleségem elémállt egyik este, kezében egy csomó rajzzal.

-Itt a következő történeted - mondta.

Hirtelen eszembe jutott, hogy előző este kissé összekaptunk, mert odaégett a rántás és a vacsora ehetetlen lett. Nem szoktunk veszekedni, most is csak egyetlen szót szóltam, azt, hogy

-Pfuj! - de ez is sok volt nejemnek. Hiába igyekeztem azonnal bebizonyitani, hogy tévedtem és megettem az ehetetlen vacsorát, ezzel nem segitettem a bajokon.

Ezért csodálkoztam, amikor minden előzmény

nélkül segitségemre sietett azzal, hogy rajzokat hozott a következő irományomhoz. Beszélhet mindenki amit akar, azért huszonhatévi házasságot nem lehet csak úgy felboritani egy elrontott vacsorával, vagy egy kellemetlen megjegyzéssel.

Csak az volt a gyanus, hogy szemében valami különös csillogást láttam, amit eddigi házasságunk során még nem fedeztem fel.

-*Köszönöm,* - mondtam és kinyujtottam jobbkezemet a rajzok után.

S erre ö átadott egy rajzot, amely meztelen, űlő nőt ábrázolt.

-*Ehhez irjam a történetet?* - kérdeztem megdöbbenve.

-*Igen* - válaszolta -*ezzel kezdd el és majd ha befejezted, megkapod a következőt.*

Ez volt hát a bosszúja azért, mert észrevettem, hogy odaégett a rántás, bár szerinte már évek óta nem is főz rántással.

Igy alakúlt ki ez a történet. Feleségem mindig megvárta, mig megirom a rajzzal kapcsolatos eseményeket, elolvasta, azután kikereste a következő rajzot, amely lehetőleg a legtávolabb állt az addig leirtaktól, s azt nyujtotta át.

Hosszas töprengés után eldöntöttem, hogya Tücsök és a Hangya történetét fogom megirni, - mert valamilyen keret kell. Ennek megfelelően adtam a neveket, abban a reményben, hogy a későbbiek folyamán kapok egy férfit ábrázoló rajzot is. Ezért a hölgyet elneveztem Hangya Hannának.

***

Hangya Hanna a világ legszegényebb családjából származott. Annyira szegény volt, hogy még ruhára sem tellt neki.

Szüleitől két műszempillát örökölt, s ezt szokta felvenni, ha nagyon fázott. Egyetlen bútordarab volt csak a szobájában, egyszerli fapad, amelyen ülni és aludni szokott. A műszempillán és padon kivül volt még egy könyve is, amit éjszaka a feje alá rakott. A könyvnek nem volt címe sem, szerencsére azonban ez nem változtatott azon a tényen, hogy tartalma sem volt, s egész nap ölbetett kezekkel ült fapadkáján. Egyetlen szomorusága az volt, hogy nem tellt neki még egy melltartóra sem, amivel telt kebleit befedhette volna.

S ekkor eszébe jutott, hogy gyermekkorában, kölcsönkért ruhában Télapó ölében ült.

Arra is emlékezett, hogy Télapó nagyon sajnálta őt, amiért olyan mérhetetlenűl szegény volt, s tőle kapta a cím nélküli könyvet. Télapó azt is mondta, hogy ha felnő, akkor minden kivánsága teljesülni fog, a könyv segitségével. De hiába ült Hanna szobácskájában már tizennyolc éve, eddig még egyetlen kivánsága sem teljesült. Ezért határozta el, hogy elhagyja szegény, de biztonságot nyujtó otthonát és körülnéz a világban.

Első útja a tengerpartra vezetett. Ott vette észre, hogy a gazdagok sem hordanak sokkal több ruházatot, mint a szegények.

A könyv két oldalából gyorsan ragasztott magának egy bikinit és most már ő is úgy nézett ki, mint a többi nő. De a strandon felfedezte azt is, hogy vannak másféle teremtmények is, akiknek nincs szükségük melltartóra. Hirtelen óriási vonzódást érzett ezekkel a lényekkel szemben.

Ezek az izmos, hosszúhajú férfiak oroszlánokra emlékeztették őt. Igaz ugyan, hogy Hanna még sohasem látott oroszlánt, mert szegényes szobájának ablaka szegényes sikátorra nézett, s arra nem járkáltak oroszlánok. De férfiakat már látott, - csak azt nem tudta, hogy azok nem hordanak melltartót.

Hangya Hanna már éppen azon volt, hogy megszólit egy férfit, akivel a szerelemről beszélgethetne, amikor hirtelen megpillantott egy kislányt. Nagyon furcsa kislány volt, - mert nem volt szája és az orra körül négy szem helyezkedett el.

Valami volt a kezében, ami lehetett virág, vagy nyalóka, esetleg egy nyeles labda is. A kislány hajában a szalag textilanyagból készült, ezért levette a kislány fejéről és felvette bikininek. A saját, papirból készült bikiniét pedig rátette a kislány fejére, s igy mindenki jól járt, csak a kislány nem.

Ezekután átsétált a strandon, s nem messze a viztől meglátta végre szive választottját. Kosárlabdázott éppen. Három férfi ugrándozott a kosár körül, s mivel mind a három csinos, fiatal és magas volt, hamarjában nem tudott dönteni, hogy melyik legyen a szive választottja, ezért egyelőre mind a hármat a szivébe zárta.

Mind a három elfért kényelmesen Hanna szivében, aki úgy érezte, akkora a szive, mint egy pagoda és esetleg még sokkal több férfi is elférne benne.

Hangya Hanna ekkor gondolkozni kezdett.

Rájött, hogy nem maradhat egész életén át bikini-ben. S ahogy erősen gondolkodott, leejtette a könyvet, amelyből kiesett egy nevére szóló kreditkártya. Ekkor értette csak meg, hogy Télapó hogyan akarta minden kivánságát teljesiteni. Azonnal bement hát az első nőidivat üzletbe és vásárolt néhány ruhát. Igy történt, hogy amikor az egyik kosárlabdázó meglátogatta őt, már ruhában nyitott ajtót, s a pad mellett ott állt a hitelbe vásárolt hálószoba bútor is.

Kiderült, hogy az ifjú neve Tücsök Tübör, s öt perc mulva már csókolóztak. Ujabb öt perc mulva kiderült, - hogy teljesen fölösleges volt Hannának hitelbe ruhát venni, mert Tübörnek sokkal jobban tetszett úgy szegényesen ruha nélkül, műszempilláival ahogyan Hanna az első tizennyolc évet eltöltötte.

Három nap múlva mentek ki ujra az utcára, mert már nagyon éhesek voltak. Tücsök Tübör azt mondta: *"Bocsánat, - egy perc múlva visszajövök..."* és eltünt, de úgy, hogy Hanna azóta se látta őt.

Viszont meglátott helyette egy békát a földön, béka megszólalt:

-*Szép szőke hercegnőm* (s ebben a pillanatban Hanna fején megjelent egy hercegi korona), - *engem egy boszorkány elvarázsolt, én tulajdonképen gyönyörű, magas, jóképű, gazdag, fess herceg vagyok, de amig meg nem csókolsz, addig béka maradok. Kérlek, vigyél haza és csókolj meg.*

Hangya Hanna rövid ideig gondolkozott, azután igy szólt:

-Rendben van, hazaviszlek, de mielőtt megcsókollak, aláirsz egy szerződést. Aláirod, hogy még ma feleségül veszel és soha még a szempillád sem fog megrebbenni, ha odaégetem a vacsorát.

***

1. E történetől három tanulság vHiába gyüjtöget a Hangya tizennyolc éven át, a Tücsök egy perc alatt elveszi tőe azt, amit olyan sokáig őrizgetett.
2. Jobb ma egy béka, mint holnap egy tücsök.
3. Soha ne kritizáljuk feleségünk főztjét.

MIT KEZDJEK A KEZEIMMEL?

Megfigyelték-e már kedves olvasóim, hogy az ember sokszor szinte sajnálja azt, hogy kezei vannak?

Valakit betuszkolnak például valami hatalmas terembe, amely nyüzsög az emberektői és hirtelen egy feltünően csinos nő előtt találja magát. A házigazda udvariasan bemutatja őket egymásnak:

-Mister Hogyishivják... Miss Ezésez...

Mister Hogyishivják könnyedén meghajol és már meg is lendül a karja, hogy kezet nyujtson, de hirtelen eszébe jut európai nevelése és várja, hogy a nő kezdeményezze a kézfogást. A nők azonban hamarább átvették az amerikai illemtant, mint a férfiak, Miss Ezésez tehát csak bájosan mosolyog és várja, hogy a férfi nyujtsa a kezét. A férfi csak zavartan vigyorog, nem tudja eldön-

teni, hogy a nő azért nem nyujtja kezét mert elameri-
kaiasodott, vagy egyszerűen azért, mert nem akar vele
kezetfogni. A nőnek is hasonló gondolatok kergetőznek
agyában, miközben múlik az idő, s azok ketten csak
bambán állnak egymással szemben, mig a házigazda
rövid időre megmenti mindkettőjüket:

*-Bocsássanak meg, hogy félbeszakitom magukat,
de Miss Ezésezt okvetlenűl be kell mutatnom Dr. Mian-
evének...*

Elvonszolja a nőt, Mr. Hogyishivják nagy megkön-
nyebbülésére, aki máris elhatározza, hogy később majd
megszólitja, hiszen már bemutatták öket egymásnak,
s akkor elkezdhetnek valamiféle társalgást, mert a
másodszori találkozásnál, ugyanabban a helyiségben
nem kell kezetfogni akkor sem, ha az elöbb kellett volna.

A kisasszonyt pedig bemutatják Dr. Mianevének, s
most ők kettel állnak bárgyú - illetve kedves mosollyal
egymással szemközt és nem tudják, hol kezdjék el, mert
mindketten a kezükre gondolnak...

Azután ugyanebben a társaságban a fentinek az
ellenkezője is előfordulhat. Mr. Hogyishivják, hogy
megkimélje önmagát hasonló helyzetektől, rágyújt egy
cigarettára, s felvesz a körülhordott tálcáról egy pohár
italt. Balkezében ügyesen egyensúlyozza a teli poharat,
jobbkezében a cigarettát tartja, amikor szembeta-
lálkozik nagyon jó barátjával, akit hónapok óta nem
látott. Nagyon megörülnek egymásnak.

-Szervusz öregem - mondja az egyik.

*-Ezer éve nem láttalak -*tódit a másik. Ilyenkor illene
két férfinek barátságosan kezetfogni, vagy megölelni
egymást, de Mr. Hogyishivják csak emelgeti a kezeit,

egyszer a balt az itallal, egyszer a jobbat a cigarettával és nem tudja, mit csináljon. Végül úgy dönt, hogy ha most nem fog kezet barátjával, halálosan megsérti őt. Hirtelen elhatározással jobbkezében lévő cigarettáját a szájába veszi és kitárja tenyerét, amit a másik örömmel kap el és barátságosan rázogatja. A rázkódtatás következtében Hogyishivják balkezében lévő ital kilötyög a bérbevett szmokingra, s a szájában lógó cigaretta füstje részben az orrába, részben a szemébe megy, amitől egyszerre elkezd könnyezni és köhögni. A köhögés úgy rázza, hogy az ital további nagyrészét is kilötyögteti, most már barátja szmokingjára, aki erre hirtelen elengedi kezét. Mire leteszi a megmaradt italt egy közeli asztalra, elnyomja cigarettáját és zsebkendőjével rendbehozza orrát meg szemeit, addigra barátjának csak hült helye van.

Tanulva az eddigieken, Hogyishivják leül egy asztalhoz, professzor Nakicsuda mellé. Hamarosan belemelgszenek a beszélgetésbe, Hogyishivják kedvenc témájáról vitatkoznak, a világpolitikáról. A vita hevében gesztikulálni kezd, s kézmozdulatai egyre szélesebbek lesznek, mig észre nem veszi, hogy a professzor merően nézi kezeit. Kicsit elpirul, kezeit nadrágja búgjára fekteti és abban a pillanatban, mintha elvágták volna, megállnak gondolatai.

Ekkor megpillantja ismét Miss Ezésezt. Valamit dadog a professzornak és odamegy a csinos hölgyhöz. Felkéri táncolni, mert közben megszólalt a zene és halkan beszélgetve igyekszik a parkett szélén maradni, hogy csak egyik oldalról hallgassák ki, amit a nő fülébe suttog. Jobbkeze a hölgy hátára simul, balkezük öszszeér, amikor észreveszi, hogy tenyerei izzadni kezdenek. Hirtelen elhatározással abbahagyja a táncot, karját a nő karjába ölti és

-*Borzasztó meleg van itt* - felkiáltással kisétálnak a lugasba.

Leülnek egy sötét padra, s a férfi halkan beszélni kezd. Beszél, beszél és a nő figyelmesen hallgatja. Egyszerre a hölgy is beleszól:

-*Vegye el a kezeit...*

Hogyishivják, mintha misem történt volna, folytatja a beszélgetést, de a nő időnként közbeszól:

-*Vegye el a kezét...!*

1. Később, amikor a felszólítás eredménytelen marad, már nem is szól semmit, csak erélyes mozdulattal elveszi a férfei kezét és arrébb helyezi. S amikor ez mindig sűrübben ismétlődik meg, a nőnek háromféle választása marad:Ha butácska, akkor felugrik, otthagyja a férfit és visszamegy a házba.
2. Ha picit okosabb, akkor hagyja, hogy a férfi azt tegyen, amit akar és nyilvánvalóan ebben az esetben a következő félórán belül a barátnője lesz a lugasban, a padon.
3. Ha okos, akkor azt mondja a férfinek, hogy nézze kedves barátom, hajlandó vagyok magával viszonyt kezdeni, de nem itt és nem az első öt percben. Jöjjön vissza táncolni és beszéljük meg, hogy legközelebb mikor találkozunk.

***

Mindenkivel előfordult már, hogy nem tudta, mit kezdjen a kezeivel, ha éppen nem csinált semmit. Van, aki egyik kezét nadrágzsebébe süllyeszti; van, aki mindkettőt zsebrevágja. Előfordul az emberrel, hogy karbafonja kezeit, vagy csipőre teszi. Lehet a hajunkat simogatni, vagy idegesen a belsőzsebünkben kotorászni.

Ha azonban zavarban vagyunk, a leghelyesebb, ha egyszerűen lelógatjuk oldalunk mellett. Senki sem fogja észrevenni, hogy kezünk van, valószinüleg mi magunk is azt fogjuk hinni, hogy két rettenetesen nehéz fatuskó lóg ki a vállpereceinkből, s annak a végén egy-egy mázsás ólomdarab húzza le a vállunkat a föld felé ...

ALIBI

Olyan időket élünk, hogy bárkinek felteheti a rendőrség a következő kérdést:

-Uram, mit csinált ön hat héttel ezelőtt, kedden este 7 és 8 óra között?

Nekem különösen rossz az emlékezőképességem, de úgy gondolom, hogy akik nálam jobb memóriával rendelkeznek, azok sem tudnak kielégitő választ adni a fenti kérdésre.

Napokig álmatlanúl hánykolódtam ágyamon, ha ez eszembe jutott. Mit lehet ez ellen tenni? Hogyan tudnék segiteni azon, hogy adott esetben ne nézzenek forradalmárnak, emberrablónak, vagy bankrablónak?

Egy ilyen álmatlan éjszaka jutott eszembe, hogy minden este jegyzeteket készitek arról, hogy hol voltam, merre jártam, mit csináltam. Az ember este, miélőtt lefekszik, még remekűl emlékszik arra, hogy mivel foglalkozott néhány órával ezelőtt, s ezt nagyjából én is meg tudtam jegyezni. Két hónapon kereszűl szorgalmasan jegyezgettem. Egyik este Péter barátommal üldögéltünk a living-roomban, amikor hirtelen eszembe jutott, hogy megkérdezzem tőle:

-Mit csináltál hat héttel ezelőtt, kedden este 7 és ő óra között?

Csodálkozva rámnézett, majd vállatvont.

-Mittudomén?

-Na látod - mondtam fölényesen - *ezek szerint részt vehettél akár egy IRA űlésen, vagy rabolhattál, gyilkolhattál. Nem tudod bebizonyitani ártatlanságodat. De nézz ide, itt vannak a feljegyzéseim és pontosan meg tudom mondani, hogy aznap este itthon ültem és a televiziót néztem.*

-Igen? - mondta gúnyosan -*és mit néztél?*

-Arra nem emlékszem ...

-De még az sem számitana, ha emlékeznél rá. Ez nem bizonyiték. Nincsenek tanuid. Én is mondhatom, hogy otthon ültem a

televizió mellett, senki sem hiszi el, ha nem tudom bizonyitani. Tanuk kellenek barátom, tanuk.

Ettéll kezdve ismét álmatlanúl hánykolódtam ágyacskámon, mig eszembe nem jutott a megoldás. Ha tanuk kellenek, majd gondoskodom tanukról.

Minden este társaságban voltam. Férfiakkal, nőkkel, vagy vegyesen, de mindig volt nálam valaki, vagy én voltam valakinél. Jegyzeteimet tovább vezettem és időnként felhivtam társaságom figyelmét az időpontra. Ilyenformán:

-Ibike, Hány óra van?

-Tíz perc mulva tíz.

-Erdekes, majdnem tíz óra van és január huszonharmadika.

Nyugodtan töltöttem el éjszakáimat, mig egy este eszembe nem jutott, hogy próbára teszem Ibikét.

-Ibike drága, szükségem van magára.

-Igen??? - mondta búgó hangon és levetette pongyoláját.

-Ne értsen félre - mondtam zavarodottan - *tanuskodnia kell.*

Ibike felvette pongyoláját és ellenségesen nézett rám.

-Tanuskodni? Nem emlékszem semmire!

-No de Ibike, arra csak emlékszik, hogy január huszonharmadíká neste tiz órakor itt voltam?

Az ellenségeskedés eltünt az arcáról, különösen akkor, amikor simogatni kezdtem a térdét. De helyette bizonytalanság és töprengés mutatkozott arcán.

-Pont január huszonharmadikán? Hogyan lehet arra emlékezni?

-Ugy, hogy megmondtam magának. Megkérdeztem, hány óra van, s maga azt felelte, hogy tiz perc

múlva tiz. Mire én a szájába rágtam, hogy tiz óra van és január huszonharmadika.

-Nem emlékszem erre - mondta határozottan Ibike. *-De ha akarja, elhiszem magának* - és átölelte a nyakamat.

Ibike viselkedése pánikba ejtett. Hazarohantam és egymásután hivtam telefónon barátaimat, ismerőseimet, akikkel az elmúlt hónapot eltöltöttem. Senki sem emlékezett sem a pontos napra, sem a pontos órára.

Ekkor vettem meg a magnetofónt.

Vállra akasztható, a telepek éjszaka utána tölthetők, s kitünő a mikrofónja.

Sajnos, amióta a mikrofónt használom, az emberek elkerülnek, csak erőszakoskodással tudok bekerülni valakinek a lakására, mert hozzám már senki sem jön. Pedig igyekszem rövidre fogni a dolgokat. Minden félórában meginditom a magnetofónt és bemondatom a házigazdával a nevét, cimét, telefónszámát, az aznapi dátumot és a pontos időt. A saját hangját mindenki felismeri, mert a magnetofón nagyon jó. Olyan alibim van, amilyen senkinek sem lehet rajtam kivül. Ha vendégek vannak, azok nevét is felveszem a szalagra. Az emberek egyre jobban elhidegülnek tőlem. Azt hiszik, megőrültem, s mindig nehezebb és nehezebb bejutnom valakihez.

Most már trükkökkel kell dolgoznom. Mig egyik lakásból a másikba rohanok, értékes negyed-és félórák múlnak el. Ezért minden tizpercben kiszállok a kocsimból, megállitok egy arrajárót azzal, hogy rádió munkatársa vagyok, s amikor bemondta nevét, cimét, telefónszámát, a pontos időt és pontos helyet, ahol állunk otthagyom őt.

Lassan tényleg beleőrülök abba, hogy nemcsak barátaim csökkennek állandóan, de ismerőseim is. Már senki sem akar megismerni.

Istenem! Bárcsak jönne már a rendőrség!

Fodor András

UTÁZAS A HOLDBA

Tulajdonképen nem is a Holdba utaztunk, csak éppen annyi ideig tartott, mig Floridába értünk, mint amennyi idő alatt bármelyik rendes holdrakéta eléri a krátereket.

A tél kellős közepén minden kanadai, aki tud erre időt és pénzt szakitani, elutazik Dél felé, mint a vándormadarak. S akinek nem adott szárnyakat a végzete, vagy nem adott a végzet elég pénzt arra, hogy repülőgépre üljön, az meseautóval repül Floridába, vagy legalább is egy ócska Chevy-vel. Mivel Karácsony táján rengeteg ember utazik a kontinens déli részére, elméletileg Amerikának fel kellene billenie a súlyeltolódás miatt. Az egyetlen ok, amiért nem billen fel az az, hogy Dél-Amerika tartja az egyensúlyt Panamánál. Sajnos, Dél-Amerikában is bajok vannak az egyensúly körül, mert Chile, amely úgyis a túlsó oldalon van, vagyis Dél-Amerika nyugati partján, most átkerült a keleti blokkhoz, ami nem lehetett nagyon egyszerű szegényeknek.

Az autóút sokkal érdekesebb, mint a repülés, mert útközben mindenféle történhet az emberrel. A vezető első megállapitása az, hogy mindenki mindig szembe jön. Az ember az út innenső oldalán, legfeljebb nyolc-tiz kocsit lát elöl, ugyanannyit hátul, ötven autó megelőzi akkor, ha az előirt 75 mérföldes sebesség helyett 65-tel megy. (Aki betartja az előirt sebességet, az forgalmi akadálynak számit.) Ezzel szemben a túlsó oldalán az útnak ezer és ezer kocsival találkozik az ember. S ugyanez az eset akkor, amikor hazafelé tartunk. Ugy érezzük, mintha elkéstünk volna, mert már mindenki visszafelé jön. Valószinüleg ezért rohan úgy mindenki, mint az őrült.

Az úton (vagy útfélen) mindenféle táblák olvashatók, s ha ezek nem a sebességre vonatkoznak, mindenki elolvassa őket. Gyakran látható a következő felirás: "FORM 1 LINE", amit úgy forditottam magyarra, hogy *"Képezz egy vonalat"*. Tessék elképzelni, véletlenűl éppen teljesen egyedűl poroszkáltunk az országúton, feleségem mellettem a retikűljében kotorászott, amikor meg kellett állnom az országút szélén és felszólitani az asszonyt arra, hogy üljön mögém, mert másképpen nem tudtam volna egy vonalat alakitani.

Már a második napon melegebb éghajlatt alatt vagyunk. Kevesen tudják, hogy a meleg éghajlat alatt is elöfordul, hogy az idö hidegre fordul. Ilyenkor könnyü felismerni a bennszülötteket arról, hogy ingujjban dideregnek. Ilyen bennszülött rendörrel találkoztunk az egyik déli államban. 42 fok volt (Fahrenheit) s éppen a sálamat vettem le nyakamról, amikor a rövid zekés rendör panaszkodni kezdett, hogy mit szólok a hideg időhöz. Nyugodt lelkiismerettel jelentettem ki, hogy nálunk a 42 fok januárban kánikulának számit. Belekezdtem még annak a fejtegetésébe, hogy mi Montreálban az északi sarktól északra fekszünk, mert az ő North Pole nevezetli városuk tőlünk délre fekszik, de magyarázkodásomat a mondat közepén abbahagytam, mert a rendőr lassú, óvatos mozdulattal revolvere után nyúlt.

Florida a világ legnagyobb vurstlija. Az egész félsziget tele van látványosságokkal. Itt látható a világ legnagyobb kisvárosa és a világ legkisebb nagyvárosa. Két közönséges városka. Itt van a világ legnagyobb karburátor alsórészhez való baloldali anyacsavarokat gyártó vállalata. Minden második házban valamilyen különleges állatfajta látható. Virágban pompázó őserdők láthatók minden falucskában, alligátorokkal, majmokkal és üzletemberekkel. S az országutak mentén orditanak a hatalmas táblák, amelyek ezekre a látv~nyosságokra felhivják a figyelmet. *"A világ legszebb hableányai láthatók innen 150 mérföldre"* olvastam az egyik hirdetésen.

-150 mérföld! Szent lsten, miért kezdik ezek ilyen távol a hirdetést? - kérdeztem a feleségemtől, aki azonnal megfelelt:

-Hogy az embereknek legyen idejük lefékezni.

Floridát egyébként nevezhetném szuper-kapitalista államnak is. Mert itt még a kapitalistákat is kizsákmányolják. De alaposan.

A szegényember autóval utazik, de ez nem azt jelenti, hogy minden autós szegény. S ha kőrkérdést intéznének az autósokhoz, nagyon kevesen vallanák be, hogy azért autóznak, mert a repülőgép drága. S ennek igazolására találták ki az úgynevezett statuszjelképes szemetelést.

Az, hogy a Littering (szemetelés) és a literature (irodalom) az amerikaiaknál hasonló szótőből képződik, tulajdonképen nem tartozik a tárgyhoz, de jellemző az amerikai irodalom nagyrészére. A fentemlitett játékra az ad lehetőséget, hogy az országúti szemetelést minden államban másképen büntetik. A legtöbb helyen 100 dollár a büntetés, de vannak szegényebb helyek, ahol 25-tel megelégszenek, mig máshol 500 dolláros tikettel fenyegetik a szemetelőket. A játék lényegében abból áll, hogy minél gazdagabb valaki, annál nagyobb szemetet mer a drága helyeken kidobni a kocsiból. A kis dicsekvők a 25 dolláros tábla után cigarettacsutkát hajitanak ki az ablakon, mig a proccok az 500 dolláros tábla után papirzacskót dobnak ki. Ebbe a skálába minden társadalmi réteg besorolható. A legóvatosabbak kinyitják a kocsi ablakát, körülnéznek, minden irányban, hogy nincs-e kocsi, vagy gyalogos a kózelben, s csak ha meggyőzödtek arról, hogy senki sem láthatja öket, akkor dobják ki a kicsire összegyűrt papirdarabkát. A legszemtelenebbek egyenesen a rendőrkocsi szélvédő üvegjére dobják a lerágott túzokcsontot.

***

Ülünk a feleségemmel kettesben a hatalmas étterem kellős közepén. Legalább százötven-kétszáz ember ül ugyanabban a helyiségben. Sehol egy ismerős. Kicsit kellemetlen érzés, amikor az ember ennyi vadidegen között ül.

Egyszerre feleségem szemei felcsillannak és mosolyogva felémhajol:

-Nézd, ott ül a Fóti Andris.

Odanézek. Nagyon magashomlokú, szemüveges férfi ül a szomszéd asztalnál. Kicsit hasonlít Fótira. -*Tényleg* - mondom - az a nő, akivel együtt ül, a Fejesné.

Feleségem vizsgálgatja a magashomlokú úrral együttlévő nőt, azután felfedezve némi hasonlatosságot, megcsóválj a a fejét:

-*Mit szólna ehhez Fótiné, ha megtudná?*

Azután vesszük sorra a többi vendéget és keressük, hogy ki kihez hasonlit.

-*A sarokasztalnál azzal a két kis gyerekkel ül Csicsó néni, a Baross utcából...*

-*A harmadik asztalnál, jobbra Fekete Tibi és Fogel Gyuri beszélgetnek Gina Lollobrigida mamájával...*

Es ez igy megy tovább, egyszerre megtelik a helyiség ismerősökkel és jobban esik az étel is.

Jókedvűen, még a motel felé hajtva is folytatjuk a játékot.

-*Itt megy Seregély Zoli* - mondom.

-*Hol?*

-*Ott, abban a barna Pontiac-ban.*

Azután a feleségemen a sor.

-*Itt megy Seress Pista...*

-*Igen, most hajtunk mellé, abban a drapp kocsiban ül.*

Feleségem még át is kiabál hozzá:

-Szervusz, Pista.

Azért, ezt nem kellett volna! Nem szeretem a feltünést. Mit fog szólni az a férfi, aki hasonlit Seresshez. Még azt gondolhatja, hogy... A férfi azonban, aki hasonlit Pistához, mosolyogva visszakiabál:

-Szervusztok gyerekek! Hová mentek?

Hiába, csak erőszakolni kell, akkor találkozik az ember ismerösökkel.

***

Mintegy háromezer kilóméteres hajtás után megérkeztünk Miámiba. Azért számitottam át a mérföldet kilóméterre, mert igy többnek hangzik. Elég fáradt voltam. Másnap azonban felhős idő volt, strandolni nem lehetett, igy hát feleségem kivánságára elhajtottunk a floridai vurstli egyik nevezetességét megnézni. Ujabb háromszáz kilóméter, oda-vissza. Mikor a motelhez közeledtünk, nagyon szerényen megjegyeztem:

-Szivem, holnap aztán már igazán szeretnék pihenni.

Feleségem mentegetőzve válaszolt:

-Hát ma csak azért mentünk el, mert rossz idő volt. Ha holnap nem lesz...

De itt már közbevágtam:

-Holnap nem lehet olyan rossz idő, hogy ne lehessen pihenni!

***

Az országúton fával megrakott teherautó halad

előttünk, a felső jobboldalán lévő kéményből rettenetes füstöt okádva.

-Miért füstöl úgy ez a teherautó? - kérdi nejem.

Vállat vonok.

-Biztosan fával fűtik. Azért viszi a fát.

Nőm ezen elgondolkodik.

-Persze, azért viszi a fát, mert azzal hajtja a motort. És mit csinál, ha elfogy a fa? - kérdi önmagától. *-Biztosan ujra megrakják és elindul visszafelé.*

***

Már az első nap megszólít bennünket egy nagyon szimpatikus hölgy. Hajlandók vagyunk-e másnap ingyen reggelizni és ingyen steak ebédet enni? Hajlandók vagyunk!

A reggeli kitünő. Az ebéd még jobb. Közben végignézünk egy szines filmet az új, kőralakú városról, tizennyolc tizennyolc lyuku golfpályával, ami nekem különösen fontos, mert már többizben megpróbáltam eltalálni a golflabdát azzal a hosszúnyelű kalapácscsal, de eddig még egyszer sem sikerült. Talán, ha ennyi lyuk van, s egyszer mégis csak eltalálom a labdát, akkor belemegy valamelyikbe. Jóformán fel sem ocsudtam a meglepetésből, amikor boldog tulajdonosa lettem egy szép kis teleknek. Készpénz nem kellett, megelégedtek az aláirásommal. Havi ötven dollár igazán nem sok.

Másnap megint ingyen ebédeltünk, aranyos kis mobile-home megvétele ellenében, amit ötezer dollárért vettünk. Itt is csak alá kellett irni néhány papirlapot.

Harmadnap már ingyen vacsorát is kaptunk. Eleinte kissé gyanus volt a sok ugra-bugrálás körülöttem, mert úgy kezeltek a csinos nők, mintha én lennék a mesebeli herceg. De amikor láttam, hogy csak tizennyolcezer dollárba kerül az öröklakás, akkor megnyugodtam. Utóvégre havi kétszáz dollárt megér az embernek az, hogy van hová visszavonulnia! Ezt az összeget ők hozták ki, még ma sem tudom, hogyan. De amikor kicsit sokalltam, megnyugtattak, hogy csak az első nyolcvan évben ennlyi, azután már csak havi százegynéhány dollár.

A következő napokban vettem még két mozgatható házat, mert azokat bérbe is lehet adni, két óriási telket (az egyik a mocsár közepén fekszik), s egy ötvenezer dolláros öröklakást. A koszt igazán remek volt, a nők csinosak, az eladók kicsit erőszakosak.

Majdnem vettem egy élő alligátort is, de ott én lettem volna az ingyen ebéd, igy hát lemondtam róla. Pedig mindig szerettem volna a lakásba egy élő alligátort. De hát az embemek nem teljesülhet minden kivánsága.

Feleségem ekkor már minden ingyen étkezéshez két idegcsillapitót vett be és kiszámitotta, hogy eddig több, mint havi ezer dollár részletet vállaltam Floridában. Igy jár az, aki összeadja a számokat. De mivel a vérnyomása is felment - agyonizgatta magát szegény - lemondtam a további ház és telekvásárlásról. Amihez az is hozzájárult, hogy nejem igen komor szinekkel ecsetelte a börtön rácsait. A legjobban akkor ijedtem meg, amikor közölte velem, hogy a dutyiban nem adnak naponta négyszer kávét. Még akkor is ídegcsillapitót szedett, amikor már fizettem az étkezésekért.

Este tíz órakor megszólalt a szobánkban a telefón.

A köralakú városban vásárolt telkemet sajnálattal érvénytelennek tekintik. Nagy alázattal bocsánatot kértek tőlem azért a csalódásért, amit ezzel okoztak, de sajnos kvebekiekkel nem köthetnek üzletet a politikai helyzet miatt. Ugye-bár megértem, hogy milyen kinos nekik, de az igazgatóság...

Még aznap este törölték az összes többi vásárlásomat, ugyanebből az okból kifolyólag.

Feleségem megkönnyebbült, abbahagyta az idegcsillapitók szedését, engem viszont bosszantott a dolog. Mert mégis csak disznóság, hogy az ember szabadságából elrabolnak egy csomó időt, s azután törlik a megrendelést.

Szerencsére az ingyen reggeliket, ebédeket és vacsorákat már nem tudták kitörölni...

Fodor András

SPORT

-*Milyen fiatalosan néz ki* - mondta a platinaszőke hölgy az előcsarnokban -*hogy csinálja ezt? - Valamikor sokat sportoltam* - válaszoltam büszkén és egyetlen rántással behúztam a hasamat.

***

Ha nem is sportoltam sokat, de sokféle sportot elkezdtem. Az egész akkor kezdődött, amikor szüleim hatéves születésnapomra megleptek egy pár korcsolyával. Annakidején a korcsolyát még cipő nélkul árulták, korcsolyakulccsal együtt, ami azt jelentette, hogy fel kellett csatolni a vastagtalpú cipőre. A csatolás a melegedőben történt és mire kiértem a jégre, leesett az egyik korcsolya a lábamról. Ugy kitömtek kedves szüleim mindenféle meleg holmival, hogy nem tudtam lehajoini. Berúgdostam hát a korcsolyát a melegedőbe és ismét felcsatoltam. Néha előfordult, hogy öt percig is rajtam maradt a korcsolya, s ezekben az ötpercekben tanultam meg bógnizni. Amikor már balfelé is meg tudtam csinálni a bógninak nevezett kőrivet, abbahagytam a korcsolyázást. Ezzel a sporttal az a legnagyobb baj, hogy a jég akkor igazán jó, ha nagyon hideg van, viszont akkor az ember fázik. Amikor nem fáztam, a jég kásás volt és nem csúszott.

Nyolcéves koromban vivni kezőem. A tőrvivás olyan törrel történt, amelynek a végére nagy gombot forrasztottak, nehogy megsértse a vivókat. De a biztonság okáért még acélhálós sisakot is kellett hordani, meg vattával kitömött mellényt. A tőrvivásban azt szerettem a legjobban, hogy az elején is, meg a végén is tisztelegni kellett és közben páros lábbal ugrálni előre-hátra, mint a bakkecske. A kitörést és szúrást akkor csináltuk a legbátrabban, amikor mindannyian egy sorban álltunk és ellenfél nélkül gyakoroltuk. A vivást akkor hagytam abba, amikor tanárommal mérkőztem és legyőztem őt. Azt mondta, nem úgy csináltam, ahogyan tanitott és hiábavaló volt az egész évi munkája.

Az úszást tizéves koromban kezdtem el. Fejest sohasem ugrottam. A fejemet mindig értékesebbnek tartottam ennél. A gyorsúszást, vagyis a krallozást még ma is titokban tanulom. Valószinűleg azért nem tudtam soha megtanulni, mert a krallozás az angol *crawl* szóból származik, ami csúszást, mászást jelent és hiába próbáltam a vizben csúszni is, meg mászni is, nem sikerült. Eddig. De még megtanulhatom és akkor én leszek a világ leglassúbb gyorsúszója.

Az úszással egyidőben kezdtem el futballozni. Akkoriban még rongylabdával rúgdalództunk és óriási tökélyre tettem szert a rongylabda elkészitésében. Ócska zokniból készitettem, kitőmtem és összevarrtam a zokni végét. Belerúgni azonban sohasem tudtam a saját rongylabdámba. A többiek mindig kidribliztek. Még kapusnak sem voltam jó, mert féltem attól, hogy rávessem magam a labdára. Nem a labdától féltem, mint ahogy a többiek hitték, hanem attól, hogy közben orrbarúgnak. A gyerekek kicsúfoltak, ami annyira elvette a kedvemet a futballtól, hogy még az MTK-FTC mérkőzésekre sem mentem ki. Eleinte azt mondtam, hogy az nem sport, ahol huszonkét ember szaladgál a labda után és harmincezer ember nézi. Ez csak a huszonkét embernek sport. De később láttam, hogy a szurkolók összeverekedtek a nézőtéren, meg néha megverték a birót, s akkor rájöttem, hogy azért valamit ők is sportolnak.

Ezután következett kamaszkorom, amikor többféle testedzést is elkezőem. Rövidtávfutásban kitünően indultam. Az első húsz méteren mindig én vezettem, de azután kimerültem és a századiknál már utolsónak lihegtem a célba. Távolugrásban már majdnem elértem az iskola rekordot, amikor elharaptam a nyelvemet. Evezni is jártam, a Dunára. Vasárnap reggel föleveztünk a gurulóűléses csónakokkal a szigetre, ott egész nap csókoloztunk a lányokkal és estefelé visszacsurogtunk a Római-partra. Utoljára akkor eveztem, amikor nagyon csinos vadevezős partnernőmmel annyira kimerültünk a szigeten, hogy lecsurgás közben mind a ketten elaludtunk. Amikor felébredtünk, már régen túlcsurogtunk Budapesten és hétfőn délben értünk haza. A kislányt azóta sem láttam, amit eléggé sajnálok.

Tenniszezni is kezdtem, de partnereim mindig azt monőák, úgy játszom, mintha ping-pongoznék. Erre elkezdtem a ping-pongot is. Mivel soha, senki sem mondta azt, hogy úgy ping-pongozom, mintha tenniszeznék, ezt is abbahagytam.

Sieltem is, a Svábhegyen. Egész havi fizetésemet költöttem el sifelszerelésre. De már az első héten letörött a jobb lécemnek a csőre. Gyalog kullogtam a villamosmegállóhoz, hétfőn leadtam a a léceket a javitóba, uj csőrrel látták el és a következő vasárnap ujra letörött. Ez igy ment három héten keresztűl. Ekkorra elfogyott a pénzem és kimerült a hitelem, nem tudtam megjavittatni a lécet, csak két pléhdarab közé szögeltem a letört darabot. Ezután soha többé nem törtem el, s három évig sieltem pléhhel megfoltozott silécemmel.

Kanadában valahogy leszoktam a sportolásról. Nyáron lubickolok még az uszodákban, télen sielni is jártam néhány szezónon át, de abbahagytam, mert túl sok a hó.

Legújabb sportunk az, hogy feleségemmel együtt elmegyünk sétálni. Elsétálunk a sarokig és vissza, azután kimerülten beleroskadunk a fotelba.

S ha most megint megkérdezné tőlem a platinaszőke hölgy, hogy mitöl nézek ki ilyen fiatalosan, megint csak azt válaszolnám, hogy valamikor sokat sportoltam, de most elpirulnék.

ELEM-ELEM-SZERELEM

-Csinos az a nő! - mondtam egy hölgyismerősömnek az előadás szünetében.

-Az a nő fűvel-fával megcsalja a férjét - válaszolta hölgyismerősöm, mézédes mosollyal üdvözölve a szóbanforgó nőt. *-Ha akarja, kérhetek a maga részére is sorszámot. Ha szereti az erkölcstelen nőket ...*

Szeretek a dolgok mélyére nézni és a sorszámmal a zsebemben töprengeni kezdtem az erkölcstelenség eredetén. Ha Evából indulok ki, akinek viszonya volt a kigyóval, később pedig a saját fiával, ugyanolyan jó nyomon járok, mintha az ősemberekre gondolok, akik közös barlanglakásban laktak. A gyertyát még nem ismerték, s éjjel a sötétben roppant könnyen össze lehetett téveszteni a nőket, mert állitólag a sötétben minden aszszony fekete.

Ezeket az apró, kezdetbeli botlásokat mégsem lehet erkölcstelennek nevezni, mint ahogy Harun Al Rasid sem volt erkölcstelen, pedig háromszáz felesége volt. Még Julius Caesart sem tartanám erkölcstelennek, aki hadjáratai során elkerült Egyiptomba, s mivel akkoriban a feleség még nem utazhatott ingyen a férjével, Kleopátrában kereste azt, amit meg is talált. Még mindig sokkal erkölcsösebb volt, mintha fiatal fiukban találta volna meg azt, amit keresett.

Az erkölcstelenség tulajdonképen akkor kezdődött, amikor a hites feleség, aki örök hűséget esküdött férjének, lerövidítette ezt a hosszú igéretet és sokkal rövidebb ideig maradt hűséges a férjéhez. Irott történelmünk nincs arról az asszonyról, aki először csalta meg az urát, de egészen biztos, hogy valaki elkezdte. Később ez annyira elterjedt, mint egy járvány. S a férjek azóta is azon törik a fejüket, miként lehetne megakadályozni azt, hogy felszarvazzák őket. Eddig a legjobb eredményeket azok érték el, akik nem nősültek meg. De érdemes foglalkozni a többiekkel is.

Az emberi erkölcs a középkorban került mélypontjára, amikor a lovagok elmentek a csatába, s évekig ott maradtak. Ennek ellenére itthon maradt családjuk szépen szaporodott tovább, mintha misem történt volna.

Kétségbeesett versenyfutás kezdődött a férfiak és nők között a fogamzás megakadályozására. A nők szerették volna feltalálni a pillt, ami mégis csak a legkényelmesebb, de az alkimisták akkor még aranyat akartak csinálni. Közvetlenűl. A mai kémikusok közvetve gyártanak aranyat úgy, hogy eladják a pillt. Az első menetben a férfiak győztek: fel találták az erényővet. Hiába esküdözött az asszony, hogy hűséges marad, a férfiak nem hittek nekik, nem tudom, miért. Csatába menetel előtt rálakatolták szivük szottyára az erényővet és a kulcsot magukkal vitték. Ez az erényőv elég kényelmetlen viselet lehetett. Nem tudom egészen pontosan beleélni magam az erényővet viselő hölgyek helyzetébe, de tudom, hogy nekem néha még az alsónadrágom gumija is idegesiti a hasamat. S ha a mai női gumifűzőre azt mondják, hogy "my girdle is killing me", képzeljük, micsoda pusztitást vihetett végbe az erényőv.

Mindenesetre egy óriási előnye volt: lelassitotta átmenetileg a népesség elszaporodását. Allitólag a mikro-mini szoknya is az erényővnek köszönheti születését, mert a nők meg akarták mutatni az egész világnak, hogy rajtuk nincs.

Mint tudjuk, az erényőv - átmeneti sikerek után - megbukott. Hiába találták fel a plasztik erényővet, ez kényelmesebb volt, de hatástalan.

Összeültek hát a tudósok, hogy mit lehetne tenni az erények érdekében és feltalálták a szerelmet. Megállapitották, hogy ha egy nő szereti a férjét, akkor nem csalja meg. Most már csak egy dolog maradt hátra: megtartani az asszony szerelmét. Ez azonban még komplikáltabbnak bizonyúlt, mint az erényőv feltétele. Kiderült, hogy a szerelem kiszámithatatlan. Bundákkal és ékszerekkel csak megszerezni lehet, de megtartani nem. Az is kiderült, hogy egy liter erős borral gyakran ugyanaz a hatás érhető el, mint az ékszerekkel, s ennek következtében az alkoholfogyasztás erősen felugrott, a szörme és ékszerkereskedelem terhére. Azután a költők rájöttek, hogy a szerelmes verseknek a hatása majdnem ugyanolyan jó, mint az alkoholé és még annál is olcsóbb. Fellendült tehát a szerelmi költészet.

Ma, a kifinomult huszadik században már ott tartunk, hogy a szegény asszonyokat csak úgy kapkodják ki egymás karjaiból a vetélkedő férfiak. S azt, amit az egyik verejtékes udvarlással és ajándékok tömegével megszerez, a másik egy-két könnyü versikével elveszi tőle csak azért, hogy továbbadja a harmadiknak, aki a vacsora utáni itallal szédíti meg szegény, szerencsétlen, csábitásoknak kitett asszonykát. De a férfiak csábitási tárháza kimerithetetlen és a nőket más is érdekli. Van, aki szereti a sima, intelligens beszédet, van, aki a táncot szereti, vagy a sportot, esetleg a bélyeggyüjteményeket. Vagy úgy is mondhatjuk, hogy a szerelmet mindenki szereti, s az odavezető út egyénenként változik. Nem nagyon, csak picikét.

A fenti történetben költött személyek szerepeltek, hogy megvédjük az ártatlanok becsületét. Mert ártatlanok és tisztességesek mindig akadtak. Ezt már Diogenes is tudta. Illetve...

***

Igy fejeztem be cikkemet és szokás szerint felolvastam feleségemnek. Kicsit kényelmetlenűl fészkelődtem székemen, amig megjegyzésére vártam, mert attól tartottam, hogy alaposan meg mossa a fejemet, amiért ennyire kihangsúlyoztam a nők ingatagságát.

Nejem elgondolkodva nézett el a fejem fölött, azután csak enynyit kérdezett:

-Hogy jön ide Diogenes?

Igy jutottunk el Diogeneshez, s mivel ráérek éppen, elmondom, amit tudok róla.

Görög filozófus volt, egyesek szerint cinikus, mások

szerint bolond. Athénben élt, i.e. 412-től 323-ig, ami természetesen nem azt jelenti, hogy 89 éves korában született és visszafelé élt. Mint minden athéni, Diogenes is nagyon szerette a bort. Élete alkonyán rájött arra, hogy mennyivel olcsóbban kapja a bort, ha nem kancsószámra vásárolja, hanem egyszerre egész hordót vesz. Megvette a hordó bort és annyire megszerette, hogy összeköltözött vele. Vagyis, a boroshordóba beletett egy gumimatracot és azon aludt. Ha éjszaka megszomjazott, csak meghintáztatta a matracot és anélkül, hogy felkelt volna, ujra be tudott rúgni.

Nagy Sándor egyszer megkérdezte Diogenestől, hogy mit tehetne érte. A filozófus kérhetett volna egy duplexet, ahol sokkal kényelmesebben élhetett volna, mint a hordóban, vagy egy bungalowt swimming pool-lal, ahol az uszoda vizét kicserélhette volna borra. Azonban őt csak a jelen érdekelte. Mivel Nagy Sándor egyike volt a legnagyobb hadvezéreknek, amikor Diogenes előtt állt, óriási árnyékot vetett. Ezért Diogenes csak arra kérte őt, hogy ne takarja el a Napot előle. Nagy Sándor, aki sokkal nagyobb kiadásra készült fel, boldogan lépett ki oldalra.

Diogenesnek különben is világitási komplexuma volt, mert amikor reggel felkelt, s a Nap fényesen sütött, akkor meggyujtotta lámpáját és igy járta Athén sötét sikátorait. Egyetlen egy igaz embert keresett egész életén át, de sohasem találta meg. Nem ragaszkodott a nemhez, mindegy volt neki, hogy nő, vagy férfi, csak egy emberi lényt keresett, aki "emberi".

Diogenes tudta, hogy vannak ártatlanok és tisztességesek, de sohasem talált egyet sem. Ebbe halt bele 89 éves korában.

Fodor András

SZERELMI TÖRTÉNET

-Miért irsz mindig magadról? - kérdezte a felesé-
gem. *-Miért nem eresztetted szabadjára a fantáziádat és
irsz valamit, ami nem történt meg?*

-Mire gondolsz? - kérdeztem és már tettem is a
papirt az irógépbe.

-Valamilyen édes szerelmi történetre.

Ezek a nők sohasem nőnek fel. Szerelmi történet
kell nekik még akkor is, amikor száz évesek, rosszul
hallanak és állandó emésztési problémáik vannak.
Persze ez a megjegyzés nem a feleségemre vonatkozik.

-Édes szerelmi történet - mondtam engedelmesen
*- igenis. Na és mit gondolsz, kik legyenek a szereplők?
Egy férfi és egy nő, vagy két férfi és két nő, esetleg csak
két férfi, - vagy...*

-Ne szellemeskedj. Tudod jól, mire gondolok. Édes szerelmi történet csak férfi és nő között lehet, mindkettő egyesszámban.

Rövid töprengés után leirtam az első mondatot: "A langyos tavaszi szellőtől megremegtek a fák sarjadzó levelei..." Feleségem rosszalóan csóválta a fejét.

-Mi ez? Időjárásjelentés?

-Nem térhetek rögtön a tárgyra! - mondtam felháborodottan.

-Irásban nem lehet? Bezzeg, ha megismerkedsz egy uj nővel, másfél perc mulva a tárgyra térsz...

-Másfél perc mulva igen. De azonnal nem lehet. Legalább két bevezető mondatot engedélyezzél!

Hosszú vita után megegyeztünk abban, hogy a második mondatban már szó lesz arról, hogya fa alatt fekszenek, a férfi, meg a nő.

-Eddig eljutottunk - mondtam kicsit idegesen. *- Majd később tisztázzuk, hogy milyen ruhában vannak...*

-Ruhában? - kérdezte nejem megdöbbenve. *- Ez további időhúzást jelent!*

*-Ezt bizd csak rám. Egyelőre tisztázzuk, mi legyen a nevük.

-Az teljesen mindegy.

-Dehogy is mindegy! Attól függ, milyen történetet irunk. A halálos tavasz főszereplőt nem hivhatják Samunak, vagy Elemérnek, vagy Rézinek, vagy Reginának. A történettől függ ...

-*Ne halandzsázzál. Hivhatják a fiut Jancsinak.*

-*O.K. Hivják Jancsinak.* Mi *a vezetékneve és mi a foglalkozása, hány éves, mi volt az apja..*

-*A szerelemhez nem elég, ha egyszerűen Jancsi a neve és nem beszélünk a többiről?*

-*Nem elég. A Jancsi nem mond semmit. Valami kell még mellé. Vagy karakter, vagy apró utalások a jellemére, vagy...*

A hölgy nagyot sóhajtott.

-*Milyen preciz lettél egyszerre. Előfordult már az is, hogya történelmet meghamisitottad egy rossz vicc kedvéért, most meg karakter kell egy könnyű kis szerelmi történethez. Legyen Kovács Jancsi.*

-*Kovács Jancsi nem lehet. Ez nem hösszerelmesnek való név!*

-*Nem hősszerelmes kell nekem, csak...*

-*Tudom, egyszerű szerelmi történet. Akkor sem lehet Kovács Jancsi!*

-*Miért ne lehetne Kovács Jancsi?* - makacskodott a nagyságosasszony. - *El tudom képzelni, hogy vannak Kovács Jancsi nevü fiatalemberek, s azt is el tudom képzelni, hogy tavasszal egy fa alatt fekszenek Saroltával...*

-*Sarolta?* - kiáltottam fel megborzadva.

-*Milyen gyenge a fantáziád* - mondta fitymálóan feleségem. - *Képzeld el Saroltát, aki tizenkilenc éves, vakitóan fehér a bőre, remek az alakja, ott fekszik a fa alatt és semmi más nincs rajta, mint a ruzs a száján.*

Elképzeltem.

-Jó, legyen hát Sarolta. De legalább azt engedd meg, hogy egyetemre járjon.

-A fa alatt?

-Nem. Hétköznapokon, amikor nincs éppen a fa alatt. Legyen egyetemi hallgató, aki szerelmes az öreg professzorba.

-Akkor mit keresne Kovács Jancsival a fa alatt?

-Legyen Kovács Jancsi a professzor.

Rosszalóan csóválta a fejét.

-Miféle szerelmi történet lenne abból, ha Sarolta az egyetemi tanárjával feküdne...

-És ha néhány bokrot is odatennék a fa körül? - kérdeztem bátortalanúl.

-Nem - mondta határozottan. *- Legyen Sarolta gépirónő és Jancsi könyvelő.*

Megkönnyebülten sóhajtottam fel.

-Végre, valami uj. Már azt hittem, Kovács Jancsi lesz a vezérigazgató...

-Tudod mit? Nem is rossz ötlet. A vezérigazgató és a gépirónő...

-Melyik szindarabra, filmre, vagy regényre gondolsz? Mert ez a kombináció többször előfordult.

-Meztelenűl egy fa alatt?

-Rendben van. Meggyőztél. Ha egy férfi és nő

meztelenűl fekszenek egy fa alatt, teljesen mindegy, hogy mi a foglalkozásuk. Gyerünk tovább. Mi legyen a cselekmény?

-Tréfálsz? Mi lehet a cselekmény, ha egy férfi és nő...

-Elég! Milyen részletesen irjam le a cselekményt?

Feleségem összehúzta szemöldökét.

-Mire gondolsz? Csak nem képzeled, hogy ezek ketten most... Nahát! Igaz, hogy én mondtam, hogy használd a fantáziádat, de ne a piszkosat. Légy reálista. Képzeld el a két fiatalt, amint ruhátlanúl fekszenek a hideg fűben, miközben a fák sarjadzó levelei remegnek a szélben. Ők is remegnek, tehát első gondolatuk az, hogy fel kellene öltözni.

-Nekem ez csak a második gondolatom lenne - mormogtam fogaim között, de ő meghallotta.

-Persze, mert ti férfiak mindig csak arra gondoltok. Eszetekbe sem jut, hogy a férfi imádja a nőt és amikor látja, hogy megremeg a hidegtől, akkor betakarja, vagy felöltözteti.

-És honnan lehet azt tudni, hogya nő a hidegtől remegett meg és nem valami mástól?

-Ezt onnan lehet tudni, mert mi irjuk a történetet és ha mi azt mondjuk, hogy a hidegtől remeg, akkor minden más lehetőséget kizártunk. A nő a hidegtől remeg és kész!

-Akkor már meg is találtam a történet folytatását. A nő remeg a hidegtől, mire a férfi gyorsan felöltözteti, majd maga is felöltözik. Utána magához vonja Sarol-

tát, forró csókot nyom a homlokára és bead neki egy aszpirint.

-Igen - mondta elgondolkozva *- ez nem is rossz, de aszpirin helyett vegyen be Contac-C-t. Az jobb. Utána felviszi Saroltát a lakására, befekteti az ágyba és orvost hiv. Hol itt a szerelmi történet?*

-Ez nagyon jó igy. Hivjon orvost. És ne képzeld azt, hogy a szerelmi kapcsolathoz okvetlenűl szükséges a szeksz. Elég, ha homlokon csókolja és orvost hiv. Ezzel bebizonyitotta a szerelmét. Bebizonyitotta, hogy el tudja nyomni állati ösztöneit...

-Akkor már meg is van az egész. Az orvos penicillint ad Saroltának, amitől három nap alatt meggyógyul. Utána megesküsznek, s a nászéjszakájukon elmennek az árvaházba, örökbefogadnak két gyereket és még ma is élnek, ha meg nem haltak.

Kivettem a papirt az irógépből és bedobtam a szemétkosárba.

INFLÁCIO és ÉLETSZINVONAL

Az életszinvonallal kapcsolatban szomorú tapasztalataim vannak. Emlékszem arra, amikor Pesten az életszínvonal állandóan emelkedett, a végén olyan magas lett, hogy külön erre a célra főldalattit kellett építeni, ahonnan látni lehetett a tetejét.

Életszinvonal itt is van, s az egyénenként emelkedik, vagy süllyed. Itt azonban sokkal nehezebb kiszámitani.

Ha Pesten megkérdezik valakitől, hogy mennyivel emelkedett az életszinvonala az utóbbi évek során, akkor az illető röhögő görcsöket kap. Itt azonban gondolkodóba esünk. Hosszas gondolkodás után azután eldöntjük, hogy mit válaszoljunk, s ez a válasz kizárólag kedélyállapotunktól függ. Mert nincs a világon olyan kompúter, amely helyes választ tudna adni erre a kérdésre. Nem vitás, hogy életszinvonalunk 1956-ban hirtelen felugrott, s a következő években, nyelvtudásunk gyarapodásával majdnem arányosan emelkedett. De azóta sok viz folyt le a Niagara vizesésen, s ma már nehéz eldönteni, hogy mi a tényleges helyzet.

A megélhetési index tizenöt év alatt k.b. 50%-kal emelkedett. Ez azonban még nem jelent semmit, mert a megélhetési indexet úgy állitják óssze, hogy egybevetik az összes szükségleteket és átlagot vonnak. Vagyis, ha az élelmiszerek ára 100 százalékkal emelkedett, a brilliánsgyűrüre pedig 5-tel, akkor az átlag 52.5%. Aki kevesebbet költ brilliánsgyűrüre, mint kolbászra, az ezekszerint rosszúl jár.

Emlékszem, tizenöt évvel ezelőtt a Bezzegék mesélték, hogy néhány éve még öt dollárért akkora csomag élelmiszert vásároltak, hogy alig tudták hazacipelni. Ma, ha valakinek csak öt dollár van a zsebében, az még lopni sem tud ennivalót, mert mire a fűszerüzlethez érne, éhenA lakbérek ezzel szemben alig mentek fel az utóbbi másfél évtized alatt. Annak, aki ma is olyan lakásban lakik, mint annakidején. Az a lakás, amelynek annakidején nyolcvan dollár volt a bére, ma sem kerül száznál többe. A lakónak azonban emelkedtek az igényei, s valamivel többet is keres, tehát ma kétszázhatvan dolláros apartment-házban lakik, felül uszoda, alul uszoda, s a kettő között plafontól-plafónig érő szőnyeg. Egyik ismerősöm azért költözött át egyik épületből a másikba, mert az uj helyen a portásnak több arany sujtás verdeste a vállát.

A benzin ára alaposan felemelkedett, az autóbiztositásé is, ami teljesen érthetetlen előttem. Aki autójával balesetet idéz elő, annak biztositását azonnal a kétszeresére emelik. Ez indokolt. Miért emelik azonban állandóan a biztositását annak, aki még soha nem okozott kárt más kocsijában? Ennek csak egy oka lehet: a biztositó társaságok és alkalmazottainak életszinvonalát emelni kell, s erre ez az egyetlen lehetőség.

Az autók ára azonban évről évre olcsóbbodik. Különösen akkor, ha valaki el akarja adni régi autóját. Az uj kocsik drágulását a szakértők igy magyarázzák:

-Azt mondja uram, hogy ma drágább az uj autó, mint tizenöt évvel ezelőtt volt? Uram, ön megőrült. Ön nem normális! Bocsásson meg az erős kifejezésért, de önt be kellene csukni az őrültek házába. Hát hogy jön a tizenöt évvel ezelőtti kocsi a maihoz? Persze maga ezt nem tudja, mert akkor még csak ócska, használt, agyonstrapált, rozsdás kocsikat vett. De elárulom magának, hogy akkor még pléhből épitették a járműveket... hogy ma is? Dehogyis kérem, ma ezüstpapirból gyártják az autókat, ami sokkal fényesebb, tetszetősebb... hát igen, kicsit gyorsabban rozsdásodik, de csak azért, mert nem igazi ezüstpapir. Tulajdonképen csak a vastagsága olyan.. igen, ha jól megvizsgáljuk, ma is pléh, de sokkal vékonyabb, ami több rugalmasságot kölcsönöz a kocsinak... Hogy ne használjam azt a szót, hogy "kölcsönöz"? Miért? Ja úgy, még nem beszélt a bankjával... de biztosan megkapja a kölcsönt... a bankok abból élnek, ha-ha-ha... Az ára igazán méltányos. Ez a legolcsóbb modell, árjegyzéki ára négyezernyolcszáz dollár, de magának adok ebből húsz százalékot - ha a főnök belemegy... gyorsan irja alá, most jókedvű az öreg, el tudom intézni... Micsoda? Hogy az sok? Nézze csak, a négyezernyolcszázhúsz húsz százaléka nyolcszázhatvan, mondjuk kereken hétszáz, azt levonjuk, marad négyezerháromszázhúsz dollár és 75 cent... de ebben minden benne van - űléshuzatok, hamutartó, ablakok... igen, természete-

sen a motor is. Csak az adót számitjuk fel külön, az átirási költséget és a kezelési költséget. Egy évi garanciát adunk, ami azonban alkatrészekre és munkabérre nem vonatkozik.

De hát az éremnek másik oldala is van, s a legtöbb ember többet keres, mint régebben. Igaz ugyan, hogy ha többet keres, akkor az adó aránytalanúl több, s még ez az adó is emelkedett. Röviden, aki kétszer annyit keres ma, mint tizenöt évvel ezelőtt, az körülbelűl ma is úgy tud élni, mint akkor.

1956-ban Kanada életszinvonal szempontjából a második volt a világon. A legútóbbi statisztika szerint már a negyedik helyet foglalta el. Amióta azonban ennyire megnövekedett a munkanélküliség, még nem készitettek statisztikát.

De az is lehet, hogy a statisztika elkészült, csak Kanada nem kapott helyezést.

FANTAZMAGORIA

Minden ember életében vannak pillanatok, amikor elégedetlen önmagával. Amikor rájön arra, hogy milyen keveset ért el az életben, vagy arra, hogy milyen rosszúl nevelte a gyerekeit, vagy esetleg észreveszi, hogy felesége idegen férfiaknak kecsegteti bájait. A fenti három okon kivűl még néhány millió oka lehet annak, hogy az ember elkeseredik, rájön, hogy elrontotta az életét valahol és szeretne ebből kikászálódni. Menekülés azonban nincsen. Mindenkinek a saját életét kell élnie, s ha elrontotta, ki kell valahogy javitani.

Nálam azonban más a helyzet.

Nekem van egy Jóságos Tündérem. Most nem a feleségemre gondolok, aki szintén jóságos tündér, s ha ezt itt nem jegyzem meg, cikkem elolvasása után össze-vissza rúgdosott volna. A Jóságos Tündérem valódi tündér, gyémánt koronával a fején, a legújabb párisi divat szerinti tündér-ruhában es varázspálcával a kezében. Csak kivánnom kell és a Tündér megjelenik, hogy teljesitse kivánságomat. Sok-sok évvel ezelőtt kezdődött barátságom vele, amikor fiatal voltam és éppen kisebbfajta szerelmi csalódáson estem át. A szóbanforgó táncosnőnek választania kellett a csinos, okos, de szegény költő (ez én voltam) s a csinos, okos, de gazdag gyáros között. A választás várakozáson felül nem reám esett. Ellenben reám esett a könyvespolcról egy vastag kötet lexikon, s amikor magamhoz tértem, előttem állt a Tündér. Jóságosan mosolygott, olyan jósagosan, ahogyan csak egy Jóságos Tündér tud mosolyogni. Meg akart vigasztalni, s elővarázsolt valahonnan egy hordozható televiziós készüléket.

-Most megmutatom neked - mondta bizalmasan tegezve - *milyen lett volna életed, ha a táncosnő téged választ.*

Felkattintotta a készüléket és ott láttam magam, mint érett férfit. A film készitője nem Hollywoodban tanulhatta a szakmát, mert meglehetősen előnytelenűl fényképezett engem. A profilom nem túlságosan jó és a legtöbbször oldalról fényképezett. A táncső, aki addigra elhizott, öt gyerekkel bajlódott éppen, s valahogyan tudtam, hogy ezekből háromnak én vagyok az apja. Az első háromnak. Azután a kép erősen homályosodni kezdett. Amikor felhivtam erre a Tündér figyelmét, azt mondta, hogy a képnek semmi baja, csak én nem látok a nyomortól. Azután veszekedni kezdtünk nem a Tündérrel, hanem a táncosővel. Évekig veszekedtünk, mig végül megjelent a szinen az okos, csinos és gazdag gyáros. A táncosnő fogyókúrába kezdett és rövidesen megszökött vetélytársammal Mexikóba, rámhagyva az öt neveletlen gyereket, akik közül kettőnek az apja nem én voltam, de nem is a gyáros.

Ha nem is vigasztalódtam meg, amikor a Tündér elzárta a készüléket, de az a nagy, fájdalmas nyomás elmúlt a mellkasomból. A fejem azonban, amelyre ráesett a lexikón, még mindig fájt.

-Kinek az életét akarod élni? - kérdezte a Tündér. - *Teljesitem a kivánságodat. Lehetsz báró, herceg, király, milliomos, vagy világhirű művész. Csak választanod kell.*

Kábúltan bámultam rá, de hamar döntöttem.

-Szeretnék világhirű milliomos lenni, aki boldog.

A Tündér elmosolyodott.

-A játék nem igy megy. Mondj egy nevet, s annak az életét fogod élni mostantól kezdve.

-Mit mond egy név? Honnan tudom, hogy boldogabb leszek -e, mint most, ha mondjuk Ádám leszek, aki az egyetlen férfi volt a saját idejében és nem kellett attól tartania, hogy Éva megszökik a kigyóval.

-Neked még azt is megteszem, - mondta a Tündér - *hogy egy órás próbaidőt kapsz. Egy óra múlva uj ra saját magad leszel és akkor dönthetsz.*

-O.K. - mondtam neki, mert már akkor tanultam angolul. - *Legyen hát Ádám...*

***

Kényelmesen sütkéreztem a napon. Illetve, majdnem kényelmesen, mert a fű, amit a fejem alá gyömöszöltem, mindig belapult, s nem szeretek egészen vizszintes helyzetben feküdni. Ha meg túl sok füvet raktam fejem alá, akkor az összenyomódott és megkeményedett. Ugy látszik, nekem mindig a fejemmel van bajom.

Egyszerre elsötétült előttem a világ. Kinyitottam szemeimet és megláttam Évát, aki elállta ellőttem a Napot. Hosszú haja gondozatlan volt és piszkos. Túlmolett alakját csak előnytelenitette az, hogy nem hordott melltartót. Fogai sárgák voltak, mert a fogpasztát még nem találták fel. S ahogy alaposan megnéztem, láttam, hogy a szappan feltalálásától is messze jártunk, de talán még mosdóviz sincs a közelben.

-Mit lustálkodsz már megint? - kérdezte Éva borizű hangon, holott még bor sem volt a látható jövőben. *- Csak heversz egész nap a fűben és nem csinálsz semmit. A fügefaleveled már kopott és gyűrött. Miért nem keresel egy másikat? Az embernek lesül a bőr az arcáról miattad. Nézd meg a Gábrielt, milyen rendesen öltözködik. Olyan fényesre pucolja a pallósát, hogy csak úgy szikrázik rajta a Nap. Néha olyan, mintha lángolna. Neked meg még pallósod sincs. Hát legalább tartsd rendben a fügefaleveledet. Persze, mert minden este csak szétdobálod, ahelyett, hogy rátennéd a fügefalevél-tartódra. Gyerünk-gyerünk, keljél fel, s mielőtt keresel uj fügefalevelet, adjál nekem egy almát.*

-De Éva, szivem, csak fel kell nyúlnod, ott vannak a fejed fölött a legszebb almák az Edenben!

-Ezek nem a legszebb almák. Különben is, minek a férfi a háznál, ha nekem kell még az almát is leszakitani a fáról?

Felkecmeregtem és elindultam a Tudás fája felé.

-Ne oda menj! - rikácsolta Éva. *- Tudod jól, hogy abból az almából nem ehetünk. Az a tiltott gyümölcs.*

Ha abból szakitasz, kikergetnek bennünket a Paradicsomból.

-*Big deal* - mondtam és leszakitottam egy almát a Tudás fájáról. Gábriel rövidesen megjelent az égő pallóssal, s kikergetett engem a kapun. Éva még ott maradt vele egy éjszakára.

***

Következő találkozásom a Tündérrel ismét egy szerelmi csalódás után történt. Talán nem is szerelmi csalódás volt, hanem valami más. Ugyanis szerettük egymást még akkor is, amikor szakitottunk. A kislány gazdag családból származott, én pedig szegényből. S akkoriban még nem voltam olyan anyagias, mint ma. Akkor még azt tartottam, hogy szegény fiu nem vehet feleségűl gazdag leányt, mert ezzel eladja magát, feladja annak a lehetőségét, hogy szükség esetén az asztalra csapjon, vagy a sarkára álljon. S mivel mindketten beláttuk, hogy szerelmünkből úgy sem lehet házasság, kölcsönös beleegyezéssel szakitottunk. Nagyon búbánatos voltam, hazavittem egy üveg pálinkát és pontosan a felét ittam meg, amikor a Tündér jelentkezett.

-*Kinek a cipőjében szeretnél lenni a következő órában?* - kérdezte, minta utolsó találkozásunk óta semmi sem történt volna.

Nem tudom miért, de a cipőről Hamupipőke jutott eszembe. Gondoltam, megpróbálok egy órára az ellenséges nemhez tartozni, hátha azok boldogabbak. Meg ott is hasonló volt a helyzet, a szegény Hamupipőkét elvette a gazdag királyfi.

-*Hamupipőke szeretnék lenni* - mondtam olyan összefüggően, ahogyan félliter pálinka után lehetett. -

De a házasság után...

S már meg is jelentem a képernyőn, kicsit furcsán néztem ki hosszú hajjal és földig érő szoknyában, de ezt pár perc alatt megszoktam. Amit az előadás végéig nem tudtam megszokni, az a szájam mellett majdnem függőegesen végighúzodó ránc volt, ami a fiatalasszonynak nagyon rosszul állt.

Éppen csókolództam férjemmel, a királyfival, ami magában furcsa érzést váltott ki belőlem, mert férjemnek bajusza volt. A kis bajuszka a kettőnk szája között lehetett volna az enyém is, s ebben az esetben nem csiklandozott volna. Volt még néhány egyéb furcsaság is rajtam, amit nem akarok részletezni, de minden fiu tudhatja miről beszélek, ha már volt leány akár csak egy órahosszat is, mint én. Már akkor tudtam, hogy az óra lejárta után nem maradok Hamupipőke, amit csak megerősitett bennem az a beszélgetés, ami a szomszédos trónteremből kihallatszott, miközben a királyfi ott simogatott, ahol azelőtt a pénztárcámat hordtam. Nem, nem, ott a másik kezével simogatott.

Anyósom, a királyné őfelsége beszélgetett apósommal, a király őfelségével, imigyen:

-Benő, felséges férjem, te nemcsak pipogya férj, igazságtalan uralkodó és gondatlan apa vagy, hanem tökkelütött mesefigura is. Hogyan engedhetted meg, hogy fiad, a délceg, daliás derceg elvegye azt a kolduslányt, aki szép ugyan, de buta és műveletlen. Ami nem csoda, mert egész életében a hamuban kotorászott és műveltsége nem terjed tovabb, mint hogy remek hamuba sült pogácsát tud késziteni és a mamut is hamunak mondja. Iskolába nem járt, imi-olvasni nem tud, talán még énekórákat sem vett soha.

-*Nem igaz* - kiáltottam felháborodottan, azaz csak kiáltottam volna, de nem tudtam, egyrészt azért, mert még mindig részeg voltam, másrészt férjem, a királyfi szája még mindig az enyémre tapadt.

-*Mi lesz a királyságoddal* - hallottam ismét a szomszéd teremből - *ha ez a nő veszi át az uralmat? Mert a fiad nem fog uralkodni, él ugyanolyan pipogya, semmirevaló király lesz, mint te. Ugyanaz lesz a te országodból, mint ami a szomszéd birodalom lett. Kommunista. Amikor a szegény favágó legkisebb fia került a trónra. Először csak a fél királyságot kapta meg, azután megfúrta az öreg királyt és az övé lett a másik fele is. Végül elűzték a trónról és a párt vette át az uralmat. Te is ezt akarod?*

De ezt már megsokalltam. Hasbarúgtam a királyfit és átrohantam a trónterembe.

-*Eleget hallottam* - kiabáltam mérgesen. - *S elegem volt ebből a famíliából. Még ma beadom a válópert.*

-*Válópert?* - csodálkozott a király. - *Az nálunk nincs. De három kivánságodat teljesítem. A következők között választhatsz: lefejezés, kerékbetörés, vagy karóba húzás.*

S az alabárdos pribékek vésztjósló léptekkel elindultak felém...

***

A háború alatt, amikor a legnagyobb szükségem lett volna a Tündérre, nem láttam. Azért lehet, hogy a közelemben volt, s az is lehet, hogy neki köszönhetem azt, hogy életben maradtam. De a háboru után azonnal jelentkezett.

Ez úgy történt, hogy 1945 februárjában Budapest utcáit róttam, hogy valami eleséget találjak, amikor egy orosz katona rámirányitotta géppisztolyát és berángatott egy kapu alá.

-*Davaj csaszi* - mondta ki az azóta közmondássá vált imádságot.

- *Nincs órám* - mondtam - *nyema csaszi és különben sem értem, hogy mit akarsz.* Felhúzta bal zubbonyujját, s kilátszott az alatta felcsatolt öt karóra.

-*Davaj csaszi* - mondta ujra és másik kezével az órákra mutogatott. Erre én is felhúztam mindkét kabátujjamat, hogy láthatta, csupaszok a csuklóim. Nem volt karórám.

Ö azonban egyenesen az óra-zsebembe nyúlt és kihúzta onnan egyetlen vagyontárgyamat, az ezüst Omega órámat. Az órát zsebrevágta, engem meg a géppisztolyagyával pofacsonton vágott, azután eltünt. Amikor szédülve a falnak támaszkodtam, akkor jelent meg a Tündér.

-*Most mi szeretnél lenni?*

Nagyon mérges voltam az oroszra.

- *Most hadvezér szeretnék lenni. Szeretném megverni az oroszokat.*

S már láttam is magam, mint Napoleont.

-*Napoleon Bonaparte* - mondta Tündérem a szokásos jóságos mosolyával. -*Hadvezér, aki szerette volna megverni az oroszokat.*

Ömlött a hó, süvitett-a szél, akárcsak Kanadában.

Visszavonulóban voltunk.

Az út mentén útjelző táblák jelölték az utat. "Elba felé", "Waterloo felé", "Szent Ilona felé", s mindegyik tábla ugyanabba az irányba mutatott. Megértettem a célzást, s tudtam, hogy sorsomat nem kerülhettem el. Az egészben az bosszantott a legjobban, hogy nemcsak én hóditottam meg majdnem egész Európát, de feleségem, Josephin is. Füleim majd lefagytak amiatt a hülye formájú kalap miatt, balkezem is meggémberedett a hidegtől, csak a jobb kezem tudtam némileg felmelegiteni a mellényem oldalnyilásában. Katonáim egymás után hullottak el, még nekem is alig akadt valami ennivaló. Azt hiszem, kár volt az egész hadjáratot elkezdeni. Az a nyavalyás ezüst Omega nem ért ennyit...

***

Lassacskán rájöttem, hogy Jóságos Tündérem nem is olyan jóságos, mint a mosolyából következtethetné az ember. Igaz ugyan, hogy mindig teljesitette kivánságaimat, mindig átéltem valaki másnak az életét, de az időpontot ő választotta meg. Egyszer szemrehányást tettem neki emiatt. Például lehettem volna Napoleon akkor, amikor éppen császárrá koronáznak, vagy nászéjszakámat töltöm Mária Lujzával. De nem. Neki éppen az oroszországi visszavonulást kellett velem éreztetni. Erre azt válaszolta, hogy éppen az oroszok miatt akartam hadvezér lenni, de képzeljem, milyen rosszul éreztem volna magam, ha Napoleon helyett tizenhat évet kell Szent Ilonán töltenem fogságban és ráadasul rákban meghalni.

Egy alkalommal világhirü szinész akartam lenni, s ekkor belevarázsolt a szinész ifju korába, amikor még nem volt világhirü, hanem éhezett és munkanélküli segélyért állt sorba minden héten. Sajnos, az egyórás próbaidő nem volt elég ahhoz, hogy világhirű legyek, éppen csak fel tudtam venni egyhetes segélyemet és vettem belőle egy ujságot, amelynek apróhirdetései között azt böngésztem, hogy melyik film gyár keres statisztát, aki idővel világhirü lesz.

Máskor, amikor gazdag akartam lenni, hirtelen haldokló milliomos lettem, s azt hiszem az egyórás próbaidő letelte után öt perccel meg is haltam volna. A rámeső óra nagyrészét azzal töltöttem el, hogy kire végrendelkezzem a vagyonomat. Utolsó perceimben azt hittem, végre rájöttem a megoldásra. Közjegyzőt hivattam azzal a szándékkal, hogy az egész vagyont magamra hagyom. De mielőtt a közjegyző odaért, megjelent a Jóságos Tündér és figyelmeztetett, hogy a történelem folyását nem változtathatom meg, csak átélhetem az öregúr utolsó óráit, de a végrendeletben minden ingó és ingatlan vagyonomat jótékony célra kell hagynom.

Mostanában már nem kivánok más bőrében lenni. A Tündért évek óta nem is láttam. Rájöttem arra, hogy elég nekem a saját bajom, nincs szükségem másokéra még akkor sem, ha csak egy órácskáig tart.

Igyekszem nyugodtan és boldogan élni saját életemet, lehetőleg elkeriülöm a bajokat. Minden rendben lenne, csak az aggaszt, hogy ha igy megy tovább, akkor a Jóságos Tündérem majd egyszer megjelenik magától előttem, anélkül, hogy hivnám és helyet akar velem cserélni.

JOBB MA EGY VERÉB...

Feleségem keresztrejtvényt fejtett és ez volt az egyik definició: "Jobb ma egy veréb, mint holnap egy... "

-*Túzok* - vágtam rá habozás nélkül, holott ezt feleségem is tudta.

Túzok, túzok... de furcsa név is ez. Túzok, vagy nem túzok, ez itt a kérdés. Én túzok, te túzol, ő túz... vagy esetleg túzik.

Még sohasem volt szerencsém egy túzokkal vagy túzokné őnagyságával összetalálkozni. Mégis tudom, hogy valamiféle nagy, kövér madár lehet. Itt Kanadában, mint annyi más magyar közmondás, ez is elvesztette az értelmét. Sőt, pontosan az ellentéte igaz. Azt hiszem, nem tú zok, ha azt mondom, hogy itt mindenki csakis a túzokra gondol, a zsiros holnapra és száz ember közül kilencvenkilenc feláldozza a mai verebecskét a holnapi túzokért.

Vannak ugyan néhányan, akik átesnek a túzok túlsó oldalára, de ezek kis számban találhatók csupán. Hallottam olyan esetről is, hogy valaki nyomortanyán élt, nyomorult módón és halála után kiderült, hogy gazdag ember volt. A párnájában, matracában, vagy bankjában tartotta pénzét, sajnálta elkölteni, mert csakis a túzokra gondolt, s még a kis verebeket is félretette, hogy idővel túzokká növekedjenek.

A közmondás hétköznapi, érthető nyelvre forditva azt jelenti, hogy jobb a biztos kevés a bizonytalan soknál. Nem tudom, ki volt az a tökkelütött ősünk, aki ezt a mondást kitalálta, de a többiek rögtön lebunkózhatták volna érte. Ez a közmondás sohasem volt igaz.

Az emberekben igen nagy a játékszenvedély és minden ember szeret bizonyos fokig hazárdirozni. A sorsjegy, totó, lottó, lóverseny, kártya, bingó, mind azt bizonyitják, hogy az emberek igenis megkockáztatják verébnyi tétjeiket azért, hogy esetleg nyerjenek egy nagy, kövér túzokot.

S ezek szerint teljesen mindegy, mi az a túzok, milyen madár, milyen szinü a tollazata és mivel táplálkozik, vagy hogy mi a neve angolul. A lényeges csak az, hogy sokszorta nagyobb a verébnél. S minél nagyobb a túzok, annál jobban futnak utána az emberek, annál kevésbbé törődve a verébbel, a mával. Ezért itt az amerikai kontinensen, ahol hatalmas nagy túzokok vannak, kétszeresen érvénytelen ez a közmondás.

Az is lehet azonban, hogy tévedek, s a közmondást nem átvitt értelemben kell nézni, hanem egyszerüen úgy, ahogy mondja. Ebben az esetben ki kell jelentenem, hogy verebet még sohasem ettem és előreláthatólag nem is fogok. A túzoknál pedig százszorta többre becsülöm a narancsban sült kacsapecsenyét, párolt káposztával.

***

S ha már a közmondásoknál tartunk, be kell vallanom, hogy szerintem a legtöbb elavult és használhatatlan. Forradalmasitani kellene a közmondásokat is, mint annyi mást, s teljesen újakat kitalálni, mert a régiekkel valami baj van. Ime, néhány példa:

Ki korán kel, aranyat lel. Többször megpróbáltam már iszonyatosan korán felkelni, de még sohasem találtam egyetlen gramm aranyat sem. Már arra is rászántam magam, hogy le sem feküdtem, de ez sem hozott aranyat a konyhára, Igaz, nem is kerestem aranyat, csak az aszpirinos dobozt. Ellenben ezen az éjszakán, amikor nem feküdtem le, észrevettem, hogy minél korábban megy ki valaki az utcára, annál szegényebb. Az átalakitott közmondás kicsit hosszabb, de mindenképen értelmesebb: Kelj fel korán, hogy minden este dögfáradtan térjél haza, s akkor esetleg rokonaid örökölhetnek tőled valamicskét.

Addig üsd a vasat, amig meleg. Hol vagyunk már ettől? A vasat ma már préselik, sajtolják, öntik de ha mégis ütik, akkor mind untalan ujra fel kell melegiteni, mint a töltöttkáposztát. Azért tudom, hogy mit akarnak ezzel a közmondással mondani. Azt, hogy ne szalasszuk el az alkalmat akkor, amikor erre lehetőség adódik. De miféle közmondás lenne ez, ha ilyen egyszerű, érthető formában adnánk tovább utódainknak? No és kinek kell ehhez közmondás? Mindenki tudja, hogy nem szabad elszalasztani a megfelelő alkalmat, mégis mindenki elszalasztja. Rendszerint. Most már csak azt kell elmagyaráznom, hogyan kell elszalasztani az alkalmat. Az ember áll valamilyen nagy, zöld mező kellős közepén, s mellette áll az Alkalom. Az ember akkor hirtelen bokánrúgja az Alkalmat, amitől az megijed és szaladni kezd. Igy kell elszalasztani az alkalmat.

Addig jár a korsó a kútra... Ki látott már korsót járni? Én még nem. Hiába készitettek a fazekasok lábas korsókat, nem tudott egyik sem járni. Nem mondom, egy-két lépést még megtettek, de a kútig egyik sem tudott elmenni. Ezért is találták fel a vizvezetéket. Repülő korsót viszont már láttam, amikor a nagyságosasszony a férje fejéhez vágta. El is tört. A korsó is, meg a férj koponyacsontja. Utána hónapokig jártam a tárgyalásokra, mint tanu. Azóta, ha láthatnék is repülő korsót, becsukom a szemeimet, nehogy tanuskodnom kelljen. Maradjunk mégis abban, hogy a korsó nem közlekedési eszköz, nem tud járni, s ha eltörik, annak kizárólag az az oka, hogy törékeny.

***

Természetesen nagyon jól tudom, hogy a közmondásokat nem szószerint kell értelmezni. Nem szabad szőrszálhasogatóknak lennünk, s nem kell a dolgokat szószerint venni. Mert ebből már sok katasztrófa származott.

Például ezért veszitettük el az 1848-as forradalmat.

Ki ne emlékeznék arra a dalra, amit akkor irtak:

Kossuth Lajos azt üzente,

Elfogyott a regimentje.

Ha mégegyszer azt üzeni,

Mindnyájunknak el kell menni.

Itt is a szőrszálhasogatás vezetett katasztrófához. Mert nem elégedtek meg azzal, hogy Kossuth Lajos megüzente, hogy elfogyott a regimentje. Várjunk -mondták - majd ha mégegyszer azt üzeni, akkor mindannyian elmegyünk. Kossuth Lajosnak azonban nem volt rá alkalma, hogy még egy üzenetet küldjön.

Pedig, ha akkor nem várnak a második üzenetre, talán egész máskép fordult volna a történelem kereke. Lehet, hogy most mi, kétszázezer menekült, ülnénk a Duna és Tisza között, s a maradék kilencmillió élne emigrációban.

Ami nem tudom, kinek lenne jobb.

Fodor András

FIAM ÉS TÁRSAI

-*Miért mindig a feleségedről irsz?* - kérdezte fiam. - *Irhatnál néha rólam is.*

Mielőtt válaszoltam, alaposan megnéztem őt. Kicsit be is hunytam elöbb a szemeimet, hogy eltünjön az a pufók, édes kisfiú amilyennek sokáig ismertem. Amint ujra kinyitottam a szemeimet, el is tünt. Fiam, aki elmúlt huszonnégy éves, egyáltalán nem pufók és nem kisfiú. Nemcsak a kommunizmustól undorodik, de a kapitalizmustól is. Elégette kreditkártyáit és összetörte borotváját, amivel méltó tanujelét adta annak, hogy valami mást szeretne, mint ami jelenleg a Földön elérhető.

-*Azért nem irok rólad* - feleltem megfontoltan - *mert tudom, milyen érzékeny vagy és félek, megbántlak.*

-*Irjál olyasmiről, amire nem vagyok érzékeny.*

-Az arcodról? Arról sokat nem tudok, mert majdnem az egészet szőrzet fedi. Talán, ha megborotválkoznál...

Legalább tiz kötetet tudnék róla irni, sajnos azonban, ebből egyetlen egy sem lenne humoros. S ezt a tíz kötetet sem azért hoznám össze néhány perc alatt, mert az én fiam, hanem azért, mert tipikus mai húszéven felüli ember. S a mai fiataloknak nemcsak a kinézésük egyforma, de a gondolkodásmódjuk is. Olyanok, mintha stencillel készítették volna őket, a különbség mindössze annyi, hogy mindegyikükben más a sajtóhiba.

1. S hogy az olvasó, akinek saját csemetéje van, hasonló korban, lássa, mennyire igazam van, felsorolok méhány gondolatot, amelyek fiam hosszú és fésületlen haja mögött rejtőznekAz egész emberiség megőrült, senki sem normális, csak ő.
2. Azért, mert mindenki többet dolgozik, mint kellene. Szerinte csak annyit kell dolgozni, amennyi a legszűkebb megélhetést biztositja. Ebben a legszűkebb megélhetésben csak az egyszerű étkezés és még egyszerübb ruházkodás foglaltatik benne. A ruházkodás főrésze egy agyonkoptatott, szinehagyott jeans és egy trikó, meg egy pullover. Télen mindezekre rádob egy szőrcsomót, ami megdöbbentően hasonlit a hajához, de azért mégis kabát. A legszükségesebb ennivaló az, amit tőlünk kap. Ha néha akad egy-egy dollárja, akkor hozat egy pizzát.
3. Szerinte az emberiség akkor követte el a legnagyobb hibát, amikor feltalálta a pattintott kőszerszámot. Szerszámot pattintani csak erőkifejtéssel lehet, s ez volt az első munka, amit a többi követett. Mindig jobb és tökéletesebb szerszámokat akartunk, hogy azokkal még jobb és tökéletesebb szerszámokat tudjunk késziteni. Ennek következtében senkisem azt

csinálja, amit legjobban szeretne, kivéve a mexikói parasztokat, akik egész nap a napon sütkéreznek, viszont nincs is semmiféle szerszámuk.

4. A gépek és szerszámok rabszolgái lettünk, s ezzel együtt tönkretettük a körülöttünk lévő természetet. Minden úttal és minden házzal, amit épitünk, a természetből vágunk ki egy darabot és ha igy megy tovább, a mezők és erdők helyén csak cementblokkok lesznek. Ennek megakadályozására ő maga megteszi a ráeső részt és nem csinál semmit.

A fenti axiómák alapján az emberiség jövőjét a következőképen képzeli el:

Politikai élet: a politikusokra nincs szükség. A világot fel kell osztani apró, önellátó falukra, ahol mindenki azt teheti, amihez kedve van, azt eszi, amit kap és abban a házban lakik, amit más épit fel neki (szerszámok nélkül).

Iskoláztatás: erre sincs szükség. A falucska gyerekeit azok tanitják, akiknek ehhez kedvük van és arra tanitják, amit tudnak. Addig kell minden gyereknek iskolába járnia, amig megtanulja, hogy nem kell semmit sem csinálnia.

Gazdasági élet: nincs rá szükség! Mivel úgyis mindenki azt teszi, amihez kedve van, egészen biztos, hogy tesznek emberek, akik hajnali három órakor kimennek a szántóföldre és szántanak, vetnek, boronálnak, aratnak, leszedik a kukacokat a fákról (mert a vegyszerekhez már gyár kellene) és etetik az állatokat, hogy legyen mivel trágyázni a földet.

Higiénia: Biztosan lesznek olyanok, akiknek a csatornatisztitáshoz és W.C. puccoláshoz lesz kedvük, meg Gunga Din-ek lesznek, akik naphosszat hordják az ivóvizet, sőt, ha valaki esetleg mosakodni, vagy mosni akarna, ahhoz is megtöltik a dézsákat.

Ruházkodás. A legegyszerübb ruhadarabokat azok készitik el, akiknek a szabóskodás a hobbyja. Persze, a szabó ragaszkodni fog ahhoz, hogy birkákat tenyésszenek azok, akik szeretik a birkákat, legeltessék őket és félrerakjanak a birkák részére téli ennivalót. Szerszám hijján a birkák szőrét egyenként kell kirángatni, amiből fonalat lehet sodorni, amiből házilag, bicskával elkészitett szövőrámán szövetet lehet szőni. Enélkül a szabók nem tudnak varrni. No meg valamilyen cérna és tű is kell, amiket szintén bicskával kell faragni.

Törvénykezés: erre nincs szükség, mert az uj falutársadalomban nem lesznek bűnözők. Egyébként az mellékes, hogy ez százezeréve az emberek vágya, de amit a mi elődjeink nem tudtak megvalósitani, azt majd a mai fiatalok húsz év alatt elérik. S ezt el is hiszem, mert ha olyan életet akarnak élni, amilyen a fenti rövid vázlat alapján lehetséges, akkor nem lesznek bűnözők, mert nem lesz mit lopni. Hacsak...

Hacsak a szomszéd faluban el nem készitenek egy olyan szerszámot, amivel a birkákat nyirni lehet, egy olyan gépet, amellyel varrni lehet, -s egyéb gépeket, amelyek megkönnyitik a szántást, vetést, épitkezést, stb. Akkor már érdemes lesz a szomszédokat megtámadni és elvenni tőlük ezeket a dolgokat. Vagyis ez a generáció húsz év mulva fel fogja találni a háborut.

De ha mindezt el akarjuk kerülni, ha azt akarjuk, hogy a fiatalok azt csinálhassák, amihez kedvük van, akkor alaposan ki kell használnunk ezt a hátra lévő néhány évtizedet. Olyan gépeket kell konstruálnunk, amelyek a környezet megszennyezése nélkül, kizárólag gombnyomásra elkészitik a szükséges dolgokat. Ebbe beleértendő olyan szerszámgépek készitése is, amelyek gombnyomásra lekopirozzák önmagukat, hogy ha elkopnak, vagy eltörnek, ne okozzanak problémát, vagy esetleg gazdasági válságot.

Az ifjuság szeret utazni, tehát a repülőgépeket is gombnyomásosra kell gyártani, az összes repülőtéri személyzettel együtt, mert hátha senkinek sem lesz kedve ahhoz, hogy pilóta legyen és elöbb-utóbb kitörje a nyakát. Mint ahogy valószinüleg senkinek sem lesz kedve ahhoz, hogy a repülőtéren a radar ernyőt figyelje egész nap és rádión utasitsa a repülőgépeket arra, hogy meddig és hol keringjenek, amig le tudnak szállni. Nagyon könnyen öszszeütközhetnek a gépek és ki akarná ezért a felelősséget vállalni, hobbyból?

Viszont rengeteg művésze lesz az uj generációnak és szinte látom lelki szemeimmel, hogy fiam, aki kitünö verseket ir, azt mondja majd egy derüs reggel az unokámnak (aki azért fog megszületni, mert senki sem akar pillt gyártani), hogy "fiacskám, ma reggelire irtam neked egy szép ki s versikét. "

Végül a gépészmérnökök részére izelitőt adok abból, hogy milyen gépeket kell megtervezniük ahhoz, hogy a jövö generációnak meg legyen a mindennapi kenyere. Szó szerint értve. Kizárólag a kenyér készítéséhez a kovetkező gépszömyetegek kellenek:

1. Szántógép, amely gombnyomásra kijön a szérüből, felszántja a földet, megfordul a beállitott hosszúságú szántás után és amikor végigszántotta az egészet, visszamegy a szérübe és megolajozza magát.
2. Olyan gép, amely a fenti gépet gombnyomásra elkésziti.
3. Olyan gép, amely a fenti gép elkészitéséhez szüksé-

ges nyersanyagokat házhozszállitja, vagyis autómatikus bányászgép, autómatikus rakodó, automatikus fémolvasztó és megmunkáló, s végül az a gép, amely mindezeket elkésziti és karbantartja.

4. Vetőgép, amely a szérüben felhalmozott vetőmagot felkapkodja és beleszórja a barázdába. (Erre a célra a szántógép esetleg átalakítható.)
5. Boronálógép. (A gép utánpótlása mindenütt hozzátartozik a tervezéshez.)
6. Arató-cséplőgép, (ezt már feltalálták, csak nem gombnyomásos és gyártani sem tudják még gombnyomással.)
7. Automatikus malom, amely a cséplőgépről felemeli a gabonát és megőrli.
8. Dagasztógép, kenyérformálógép, sütőgép, csomagológép.
9. Egy olyan gép, amely gombnyomásra elszalad a pék-géphez, elhoz egy csomagolt kenyeret, kibontja, felszeleteli és egy karéjt belegyömöszöl annak a szájába, aki a gombot megnyomta.
10. Tiszta üzemanyag, amely a fenti gépeket hajtja.
11. Gépek, amelyek ezt a tiszta üzemanyagot előállitják, tisztitják, csomagolják, leszállitják, stb.

De ha ezeket a gépeket nem tudnák megtervezni, akkor legalább egy akkora űrhajót építsünk, amelybe belefér a mai fiatalság, hogy keressenek egy olyan bolygót valahol a világűrben, ahol ezeket a gépeket már elkészítették.

BOROTVA, másképpen BERETVA

Szakállam sohasem volt, bajuszom pedig csak háromszor, akkor is rövid ideig. Ebből azonnal látható, hogy naponta borotválkozom, néhány évtized óta. Férfiolvasóim tisztában vannak azzal, milyen fontos a jó borotvaeszköz és nőiolvasóim megkérdezhetik férfiolvasóimat, ha nem tudják. Ha a borotva életlen, akkor a borotválkozás önkinzássá válik, mert még annak is vékony a bőr az arcán, akinek vastag. Viszont ha éles, akkor nagyon kell vigyázni, mert rossz szögben tartva, vagy erősen odanyomva kipattantja a bőrt.

Annakidején Pesten nem sok problémám adódott a borotválkozásból. Volt egy úgynevezett Allegro önborotvafeőm, amivel egy-egy penge élettartamát meg lehetett hosszabbitani akár félévre is. Az Allegro nem fente túlságosan élesre a pengét, s csak a penge életét hosszabbitotta meg, a tulajdonosét nem. Nagyjából mégis lehetett használni, s ha ünnepélyes alkalomra rendesen akartam kinézni, akkor a borbély két forintért megborotvált.

Bécsben kölcsönkértem egy rokonomtól nem emlékszem rá hány shillinget és vettem egy villanyborotvát. Egy teljes hétig használtam, még a hajón is, megérkezésünk után azonban nyugdijba kellett helyeznem, mert az amerikai konnektorok és az európai konnektorok között szekesztési eltérések vannak. Röviden: az az európai konnektorral ellátott villanyborotvát nem tudtam használni. Lehetett volna vásárolni valamilyen adaptert, ami kis szerkezet, s lehetővé teszi a használhatatlan villanydugó használatát, de nem tudtam, hol lehet kapni. Igy hát visszatértem az önborotvára, amiben eleinte nagyon nagy örömet leltem, mert borotvafenő készülék nélkül használtam egy hétig, azután eldobtam.

S ha megmaradtam volna ennél a rendszernél, még ma is boldog ember lennék. De közbejött a televizió.

Bemutatták a Schick önborotvát, amelyben féloldalas penge van, s ez a féloldalas penge ezerszer jobb, mint a régimódi kétoldalas. Az egész készülék néhány dollárba került csak, s bár a régivel sem voltam elégedetlen, mégis vettem egy ujfajtát, mert hátha jobban, gyorsabban és simábban lehet vele borotválkozni.

Boldogságom azonban csupán addig tartott, amig meg nem láttam egy ujabb hirdetést, amely azt a villanyborotvát ábrázolta, amelynek két forgókereke tükörsimára villanyborotválja az ember arcát. Ez már kicsit drágább volt, de arcbőröm nagyon kényes, (már többször lesült róla a bőr) - tehát vettem egyet.

Legalább három hónapig borotválkoztam vele. Addigra az éle eltompult, egyre tovább tartott reggelente a borotválkozás és egyre borostásabb maradt az arcom. Ebből a rettenetes állapotból mentett meg a Super-Gilette, amely élesebb az élesnél, s az ember élete végéig tart. Utólag megtudtam, hogy csak akkor, ha az ember az első hét végén elvágja vele a nyakát.

A következő készülékem ismét villanyborotva volt. Most már amerikai konnektorral és a kereskedő szerint önélesitővel. Ezt is használtam néhány hópapig, mig életlen lett. Hiába unszoltam önélesitésre, nem vólt hajlandó. A kereskedő roppant egyszerüen intézte el reklamációmat:

-Ezt azért hivják önélesitőnek, mert önnek kell élesitenie... Ja, ha nem tudja, az "too bad..." Tanulja meg.

A borotválkozó-ipar következő évi nagy szenzációja a karcsu Gilette volt, amelyen számokkal be lehetett állitani a megfelelő penge szögét. Minél magasabb a szám, annál meredekebb a penge szöge, vagyis egyszerű számbeállitással el lehet érni azt, amit a csukló megbillentésével kellene kiharcolni. De azért ezt a borotvámat is szerettem.

Ezután felváltva vettem a különböző pengéket és készülékeket. A Gilette gyár kihozott egy ugyanolyan készüléket, mint a Schick, de sokkal jobbat. Azután a Schick kihozott egy ugyanolyant, mint a Gilette, de lényegesen könnyebbet. Vettem kardpengét, nylonnal bevont pengét, pengével bevont nylont, pengét, amelyet mérföldes fenőszijon fentek, majd olyant, amit egyáltalán nem kellett fenni. Vettem olyan önborotvát, amelyet előzőleg mikroszkóppal vizsgáltak meg, s vettem olyant, amellyel hajszálat lehetett hasogatni.

Vásároltam olyan villanyborotvát, amely két sor késsel rendelkezett, azután olyant, melyen három forgó kőr pörgött. Olyant is megvettem, amelyet nem kell élesiteni, a három kés gombnyomásra kiugrik belőle, s három vadonatuj kés ugrik a helyébe, ha az ember beleteszi.

Pillanatnyilag ott tartok, hogy huszonhét különböző fajta borotvám van, ebből nyolc villanyra működik. Persze, az önborotvákhoz megfelelő mennyiségű borotvakrémet is kellett vennem, mert itt nem használnak pamacsot, csak rákeni az ember a krémet az arcára és leborotválja. A krém mindig le is jön. A szakáll nem mindig. Van közönséges krémem, mentholos, tengerhullám szagú, s még olyan is, amely megmelegszik az ember arcbőrén. A villanyborotvához ugyancsak kellenek különböző oldatok, borotválkozás előtti, amelytől az ember szakálla égnek mered, s borotválkozás utáni, amelytől az ember szakálla ismét az archoz simul. Ezekből is van már egy nagyobbfajta raktáram.

A legszivesebben mégis azzal az olcsó kis önborotvával vagdosom össze magam, ami pontosan olyan, mint amilyent Pesten használtam. A legolcsóbb pengét veszem, amivel két-három napig fájdalom nélkül lehet szakállt kaparni.

A mai fiatalok azért növesztenek szakállt és bajuszt, mert a világ legélesebb borotvája sem ad olyan élvezetet mint az, ha nem kell borotválkozni.

AZ ŐSEMBER ÉS A...

Csak ennyit irtam le, amikor a fiam a hátam mögött megszólalt:

-Már megint?

-Mi az, hogy már megint? - kérdeztem kicsit ingerülten, egyrészt, mert nem szeretem, ha a hátam mögött belenéznek készüllő irásomba, másrészt, mert nem szeretem, ha kritizálják gondolataimat, különösen akkor, amikor még jóformán el sem kezdtem.

-Már megint az ősemberről irsz?

-Igen, ha nincs ellene kifogásod. Szeretek az ősemberről imi, mert mindig kellemes érzéssel tölt el az a tudat, hogy mekkorát fejlődött az emberiség azóta. Igaz, hogy ha ránézek gondozatlan hajadra, nem látszik a fejlődés, de azért én tudom.

-Most ne beszélj a hajamról. Beszéljünk arról, hogy ki boldogabb. Az, aki ősember módjára él, vagy a te modern embered.

-Beszéljünk róla. De ne vitatkozzunk! Elöbb elmondom a véleményemet én, s azután, ha elolvastad amit irtam, megmondod te.

Ebben megegyeztünk, s most igyekszem összehasonlitani az ősembert a maival. A legegyszerűbb ténykedéssel kezdem: legyen ebéd a neve, vagy másként főétkezés.

Az ősember (akinek átlagos életkora még a harminc évet sem érte el, pedig nem volt még sem a levegő, sem a vizi fertőzött), hátrament a barlang mélyére, ami akkor a Frigidaire-t helyettesitette, s kutatni kezdett a lerágott csontok között.

-Hö... mmm... böbö... - mondta a feleségeinek, ami magyarul annyit jelent, hogy: nincs valami harapnivaló?

Az asszonyok hasonló morgással válaszoltak, de egyre erősebben, ami nemcsak azt jelentette, hogy ők is éhesek, de azt is, hogy nincs már semmi ennivaló félretéve.

Az ősember ekkor nagyot sóhajtott, fogta a kőlándzsáját, meg a kőbaltáját és egyet-kettőtrúgva szanaszét heverésző fiaiba, összegyüjtötte a vadászcsapatot és elindultak az erdő széle felé. Az asszonyok kiálltak a barlang szájába és addig néztek a férfiak után, mig azok eltüntek a bozótban. Azután berohantak a barlangba, kiástak a földből néhány elrejtett gyümölcsöt és boldogan csámcsogni kezdtek ...

A vadászok pedig közben elértek az erdei forráshoz, ahová a vadak inni jártak. Félköralakban körülvették a kis tisztást, mélyen elrejtőztek és vártak. A csönuet csak néha zavarta meg egyegy gyomor hangos korgása.

Egész éjjel vártak, mert annyi eszük még nem volt, hogy aludjanak hajnalig, holott a vadak csak hajnalban jöttek inni. Amint az ég szürkülni kezdett a fejük felett és elhallgattak az éjszakai vadállatok, megjelent az első vendég: a kardfogu tigris, az ember legnagyobb ellensége. Megállt a viz mellett, körülnézett, beleszimatolt a levegőbe, azután óvatosan inni kezdett. Egyszer szakitotta csak meg az ivást. Felkapta fejét, mert elállt a szél és azonnal megérezte a közelben lévő emberek szagát (akkor ez elég könnyen ment, nem kellett még csak különleges jó szimat sem hozzá). De a szél megint elkezdődött, elfújta a szagot, s a tigris azt hitte, elfujta az embereket is. Amiből látható, hogy a kardfogú tigris még az ősembernél is butább volt, ami egyik oka annak, hogy kipusztultak. Az ősemberek készenlétben tartották fegyvereiket, de nem támadtak. A kardfogu tigrist sohasem támadták meg, csak védekeztek ellene. Amikor a vadállat eltünt, sokáig kellett várni, mig megjelent a következő vendég: szépen fejlett szarvas, hatalmas agancsokkal. Sokáig állt mereven a viz mellett, s csak amikor azt hitte, hogy teljes biztonságban van, akkor hajtotta le fejét a viz tükre felé. Ebben a pillanatban az apa felállt és elhajitotta dárdáját, amely oldalba találta a szarvast. A többiek szintén felugrottak és hatalmas orditozással kergetni kezdték a sebesült, de menekülö állatot. Igy is késő délután lett, mire utolérték a futástól és vérveszteségtől kimerült szarvast és néhány ütéssel agyonverték. Azonnal lenyúzták a bőrét és feldarabolták az állatot, de enni nem tudtak, mert a tűz otthon maradt. A legéhesebbek bekaptak egy-egy kisebb nyers húsdarabot és azt rágcsálták, mig a szétosztott terhet hazavitték. A sok futástól, álmatlanságtól és cipeléstől kimerülten értek vissza a barlangba, ahol az asszonyok azonnal elvették tőlük a zsákmányt. S amint a sülő pecsenye szaga megtöltötte a barlangot, a vadászok a félig-kész húst kezdték egymás kezéból kikapkodni...

S ha látni akarjuk, mennyit fejlődtünk azóta, akkor a mai ember főétkezését is meg kell néznünk:

A férfi este hazatér a munkájából, leül kedvenc karos-székébe, kezébeveszi kedvenc ujságát, miközben az asszony felteszi a vacsorát a villanykályhára, melegiteni. A vacsora tiz perc alatt kész, mindketten odaülnek a fehér abrosszal megteritett asztal mellé és késsel, villával falatozni kezdenek, esetleg egy üveg sör kiséretében...

-Na? - kérdeztem fiamtól, amikor elolvasta az eddigieket - *elég világosan látható a fejlődés? A kényelem? A nyugalom? Eléggé megmutattam ...*

-Wait a minute - mondta fiam és angolul adta elő, amit most leforditok magyarra: - *nem mutattál meg semmit. Csak egy tanulságot vonhatok le történetedből, azt, hogya technika fejlődött. De hogy ez mennyire jó az embernek, azon vitatkozhatunk. Mert szerintem az ősember sokkal boldogabb volt, amikor hosszú hajsza után elejtette a vadat és hazacipelte a zsákmányt barlangjába, mint a mai ember. A vadászat nemcsak étvágyát elégitette ki, de ugyanakkor megmutatta erejét, ügyességét és szellemi fölényét is. A mai ember reggeltől estig robotol, áll valamilyen gép mellett, vagy az iróasztal mellett ül, de a legtöbb embert nem elégiti ki a munkája. A munkamegosztás elvette az ember életéből a változatosságot. Az ősembernek mindent egyedül kellett csinálnia. A munkamegosztás abból állt, hogy a házimunkát az asszonyok végezték, mig*

a fegyvereket a férfiak készitették el és ők vadásztak. A vadász még akkor is életével játszott, ha szarvasra vadászott, mert bármikor felbukkanhatott a bozótban valamelyik ellensége: a kardfogu tigris, mérgeskigyó, mammuth, vagy egyszerűen egy nagyobb állat. Ha valaki rosszúl végezte feladatát, annak nem mondtak fel, nem kapott munkanélküli segélyt. De éppen ez a szép benne. A mai élet egyetlen hajtóereje a pénz. Ma a termelés nagyban folyik és mindenki másnak termel. A farmer nem azért műveli földjét, hogy legyen mit ennie, hanem azért, hogy termelvényeit eladja. A szövőmunkás nem magának sző anyagot, hanem másnak. Igaz, hogy ma többet termelünk, több jut az egyénre a javakból, nem barlangban lakunk, hanem lakásban, ételeinkben óriási a választék, szórakozunk, ruházatunknak ezerféle változata lehetséges, de nem ez a lényeges. A lényeg az, hogy boldogabbak vagyunk-e ma, mint ezelőtt százezer évvel voltunk.

Itt abbahagytuk nézeteink kicserélését.

Én a magam részéről boldogabb vagyok most, mint százezer évvel ezelőtt. Fiam azonban szeretné az egészet előlről elkezdeni. S attól tartok, hogy erre alkalma is fog nyílni, ha a világ politikusai nem tesznek valamit a béke érdekében.

Fodor András

HANGVERSENY

Hangversenynek nevezzük azt az eseményt, amikor negyven zenész a szinpadon versenyezni kezd, hogy melyik fejezi be elöbb a szimfóniát. A biró emelvényen áll és karmesteri pálcájával beinti a startot. A győztes rendszerint az első hegedüs (ezért is hivják igy, mert ő lett az első), aki a verseny végén feláll és kezetfog a karmesterrel.

Feleségem, amint elfoglaltuk helyeinket, körülpásztázta tekintetével a termet. Ismerőst keresett, s hamarosan talált is, mert félhangon odasúgta nekem:

-Itt van a botfülű Krapincsákné is...

Na és itt álljunk meg egy pillanatra, mert hirtelen több dolgot is meg kell jegyeznem.

Az, hogy félhangon súgta, csak természetes, mert a hangverseny előtt vigyázni kell arra, milyen hangon súg. Különösen arra kell vigyázni, hogy ha mondjuk a Cisz moll prelude-ot hangversenyezik, akkor ne a disz-t használja félhangnak.

Másik észrevételem a "botfülű" szóra vonatkozik. Nem tudom, miért pont botfülünek, vagy fafülűnek nevezzük azokat, akiknek nincsen hallásuk. Nyugodtan nevezhetnénk bármilyen-tárgy-fülűnek is, mert általában a tárgyak nem hallanak. Még azok sem, amelyeknek fülük van, mint a fazék, vagy a korsó. Csak azt tudom elképzelni, hogy a hosszu tapasztalat azt mutatta ki, hogya botnak, vagyis általában a fának rosszabb a hallása mint a többi tárgynak.

Ott voltak még Csippencsék is, akik - feleségem szerint csakis azért jöttek el, hogy bemutassák az uj kétszázdolláros estélyiruhát.

Bejött a karmester, kicsit hajlongott, azután hátatforditott nekünk. Ugylátszik, valaki megsértette. Felemelte varázspálcáját és elkezdődött a verseny. A dallam lágyan indult, a hegedüsök vitték a szólamot.

Lehunytam szemeimet, hogy élvezzem az andalító zenét. Egyszerre az elsőhegedüs hangszeréből valamilyen nyivákolás-szerű zörej jött ki.

-Ennél még én is jobban tudok játszani - mondtam félhangosan. Ugy látszik azonban, a karmesternek nemcsak jó, de érzékeny füle is volt. Varázspálcáját hangosan odaverdeste a kottatartójához, mire a zenészek abbahagyták a versenyt. A karmester pedig szigorú arccal a közönség felé fordult.

-Ki volt az? - kérdezte mennydörgő hangon, amit a dobos a cintányérral alá is festett.

Behúztam a nyakamat, de hiába. Mindenki felém fordult, a sok spicli, majd kiesett a szemük, úgy bámultak rám. Mit tehettem? Felálltam és mélyen lesütött szemekkel odaorditottam a karmesternek:

-*Én voltam.*

-*Ne kiabáljon* - mondta a mester és lejött a szinpadról, miközben hosszú sörénye lebegve követte. Egyenesen hozzám jött és fülemnél fogva felvezetett a szinpadra.

-*Lássuk* - mondta, kivéve az egyik zenész kezéből a hegedüt - *mennyivel jobban tud hegedülni.*

-*Nem tudok hegedülni. Sohasem hegedültem... azaz, nyolcéves koromban vettem egy hegedüórát, de nem tetszett, mert nyomta az államat és áttértem a zongorára.*

-*Mindegy* - válaszolta a hosszúhajú úr - *most már próbáljuk ki.*

Torkomhoz nyomták a hegedüt, kezembe gyömöszölték a vonót és a karmester beintett. Végighúztam a vonót a húrokon, s a hegedú' nyögött egy nagyot.

A közönség hatalmas tapsviharban tört ki. Ugy látszik nemcsak spiclik ülnek a székeken, hanem rendes, becsületes emberek is. A karmesternek azonban nem tetszett produkcióm, mert szúros szemekkel nézett rám.

-*Próbáljunk talán egy másik hangszert. Trombita megfelel?*

-*Nem tudok trombitálni...*

-Ne hazudjon! Tudom, hogy cserkész korában kürtölt. Próbálja meg!

Kezembe nyomták a trombitát, de közben a hegedüt is tartanom kellett. Eppen csak belefujtam a trombitába, amikor hozzámvágták a nagybőgöt, s egymásután repültek felém az összes többi hangszerek. Végül a karmester elémállt és pálcájával náspágolni kezőe a jobboldalamat.

Hirtelen felriadtam.

Feleségem könyöke harmadszor fúrodott a bordáimba. Amikor felé hajoltam, a fülembe suttogta:

-Ha már alszol, legalább ne hortyogjál...

Nagy megerőltetéssel tartottam nyitva szemeimet és figyeltem a zenére. Egyszerre az elsőhegedüs kicsit melléfogott.

-Ennél még én is jobban játszom - gondoltam magamban, de nem mertem még suttogni sem, csak feleségemre vetettem egy oldalpillantást, aki elmélyülten, elragadtatással hallgatta a muzsikát...

Viszont neki tényleg botfüle van.

A FELÜLETES IRÓ

Borzasztó, hogy egyes irók milyen felületesek. Megirják történetüket, szépen, kikerekitve, dadogás és habozás nélkül, s ha az olvasó mikroszkóp alá helyezi a mesét, kiderül, hogy teles-de-tele van gyártási hibákkal.

S ha már leirtam a "mese" szót, nézzünk egyet, amelyet még nem csépeltem el: "Jack and the beanstalk" az angol címe, szabadon magyarra forditva: **Jakab és a paszuly szára**.

A mese úgy kezdődik, hogy az ütődött anya rábizza egyetlen lovát idióta kisfiára, hogy adja el. De lehet, hogy nem is ló, hanem tehén, ami a mese szempontjából teljesen mindegy, az én szempontomból is. Kezdek szenilissé válni és nem emlékszem már szórul-szóra az ötven évvel ezelőtt olvasott mesékre. Ezt csak mentségemül hozom fel, mert Jakabot és a paszuly szárát a mult héten olvastam. Szóval, a kisfiu elindul a lóval (vagy tehénnel) a falu felé, de útközben találkozik egy jóságos öregemberrel, akiről kiderül, hogy varázsló, s elcseréli a lovat hét babszemre. No már most! Tudjuk ugy-e, hogy az egyik babszemből kinőtt az égig érő paszuly, mert a jóságos öregember nem akarta becsapni a hiszékeny kis idióta fiucskát. De minek kellett a többi hat babszem? Mennyivel lett volna hihetőbb a mese, ha egy lóért egy babszemet ad az öreg? A kis Jakab megérdemelte volna, hogy anyukája félholtra verje, akár egy, akár hét babszemet hozott haza a lóért. Hiszen akkor még nem tudta, hogy az egyik babszem milyen csodálatos varázserővel rendelkezik! De az anyuka nem verte agyon a gyereket, mert általában az édesanyák nagyon ritkán tesznek ilyent, még a valóságban is, hát még a mesékben. De az anyuka sirni kezdett, mint az életben, s ha ettől nem is változott meg az a tény, hogy a fiacskája hülye, de legalább alaposan kisirta magát. Jakabka eldobta mind a hét babszemet és anyukája sirása álomba ringatta.

Másnap reggel, amikor meglátta ablaka alatt az égigérő paszulyt, nem lepődött meg, pedig még azt sem tudta, hogy paszulyról van szó, mert az a paszuly, amit ő ismert, rendszerint egy méteres magasságnál nem birta tovább, sőt. Ha jól emlékszem rá, még ezt az egy métert is csak akkor éri el a bab, ha karóhoz kötik, egyébként a földön kúszik, vizszintes irányban. S itt követte el a meseiró a második hibát. Miért kellett hét babszemet adni cserébe, karó nélkül? S micsoda karó kellett volna ahhoz, hogy a futóbab az égig érjen? Mennyivel hihetőbb lett volna egy szilvamag, vagy bármilyen más fának a magja, amely karó nélkül is fel tud nőni. Csak egyetlen fától kellett volna tartózkodnia, a jegenyefától, mert azt mindenki tudja, hogy a jegenyefák nem nőnek az égig. De a többi fáról egyetlen népdal sem állitja ezt.

Ott tartottunk hát, hogy Jakabka mászni kezdett

az irdatlanúl magas bab szárán és kisifu létére pihenő nélkül felért a felhők fölött lévő óriás kastélyába. Most már nem is számolom a hibákat, amelyeket az iró elkövetett. Minden kisgyerek tudja, hogy ha kastélyt akar épiteni, akár kőből, akár homokból, azt nem lehet a levegőbe tenni. De ha mégis valamilyen csoda folytán ott maradna, akkor annak a kastélynak nagyon könnyűnek kell lennie, mindenképpen könnyebbnek a levegőnél és a felhőnél. Newtonnak az első törvénye az volt, hogy minden kastély, amelyet a levegőbe épitenek, leesik a földre és ripityává törik. Az olyan kastélyokat, amelyek nem esnek le a földre, légváraknak nevezik, s ebben el lehet helyezni apróbb gondolatokat, de semmi esetre sem lakhat benne egy óriás.

Ennek az óriásnak volt egy aranytojást tojó libája (de az is lehet, hogy kacsa volt). Az óriás egész nap az aranytojásait számolta. Ez volta hobbyja. Nem mondom, kedves szórakozás, magam is behódolnék ennek. De az óriás semmiféle összekötetésben nem állt a földdel, amig az égigérő paszulyon Jakabka fel nem mászótt hozzá. Minek kellett neki az arany? S miböl élt az óriás, ha csak aranya volt? Ugy gondolom, mit evett és mivel ruházkodott? Hiszen egyedül élt a kastélyban, legfeljebb a felesége élt vele együtt. Lehet, hogy a felesége tartotta el? Lehet, hogy amig az óriás az aranytojásokat számolgatta, azalatt a felesége a felhőkben kapált? Csoda-e, hogy az a fiatalság, amelyik ilyen meséken nött fel, nem szeret dolgozni?

Az, hogy az óriás emberszagot érzett, csak kisebbfajta baklövésnek számit. Hogyan érezhetett emberszagot? Honnan tudta, milyen az emberek szaga? Hiszen amig Jakabka fel nem ment hozzá, még soha emberfia meg nem látogatta. Ő pedig le nem merészkedett volna a felhők fölül, mert ő nem volt idióta, mint a többi szereplő, s nagyon jól tudta, hogy leesne. De mondjuk, hogy apjától örökölte azt, hogy csak úgy, egyszerű levegőbe-szimatolással megállapitja, hogy ember van a közelben. Felejtsük el ezt a kis hibácskát.

A komoly baj csak most következik. Mert Jakabka, aki az öreg varázsló segitségével felpimaszkodott az óriás házába, egyszerüen ellopja a szörnyeteg aranytojást tojó libáját. Ez rosszabb a bankrablásnál! Mert a bankokat nem éri károsodás, a biztositó kifizeti a veszteséget. De az óriásnak tudtommal semmiféle biztositása nem volt, s nem elég, hogy Jakabka ellopta a kincseket érő libát, amikor az óriás utána mászott a paszuly szárára, hogy visszakapja jogos tulajdonát, még ki is vágta a paszulyfát a tövénél, amely ledőlt és megölte a rajta lévő óriást.

Ennek a mesének nem is merem levonni a tanulságait.

De sokan mások levonták, s ezek okozzák a böttönök túlzsúfoltságát.

AKAR TIZ ÉVVEL
TOVÁBB ÉLNI?

Ma már ott tart az orvostudomány, hogy nemcsak betegségeink nagyrészét tudja meggyógyítani, vagy megelőzni, de tanácsot kaphatunk arra nézve is, hogyan hosszabbithatjuk meg életünket.

Eletünk meghosszabbitásához a következő táblázal szolgál alap

Átlagos életkor	76 év
Ne dohányozzunk	10 év meghosszabbitás
Ne igyunk alkoholt	10 év meghosszabbitás
Ne együnk nehéz ételeket	10 év meghosszabbitás
Ne nősöljünk (ne menjünk férjhez)	10 év meghosszabbitás
Sokat fussunk friss levegőn	10 év meghosszabbitás
Tiszteld apád és anyád	10 év meghosszabbitás

Lassan járj, tovább élsz	10 évvel
Megghosszabbitott életkor	**146 év** *(mely szerencsés esetben lehet 147 is)*

Ez a táblázat természetesen nem tökéletes, s éppen ezt óhajtom az alantiakban elemezni.

Kezdjük rögtön az átlagos életkorral. Ebben bennfoglaltatnak a csecsemőhalandóságban kipípált egyének is. Ha meg tudnánk akadályozni a csecsemőkori halálozásokat, az átlagos életkor rögtön felugrana. Amiből azonnal kitünik, hogy nem az öregek életére kell vigyázni, hanem a fiatalokéra, mert minél több fiatal marad életben, annál nagyobb lesz az átlag. Egy 120 éves ember, ha befejezi földi pályafutását, már nem sokat ronthat a statisztikán. De ha fiatalon, különösen csecsemőkorában tér a másvilágra, rettenetesen elrontja nekünk az egészet.

A nem-dohányzásért jóváirt 10 év, mint a később felsoroltak is, csak hozzávetőleges számok. Mert ha valaki nem pipázik, azzal csak 2-3 évvel hosszabbitja meg az életét, mig ha nem szivarozik, azzal 4-5 évet keres. Aki a teljes 10 évet meg akarja kapni, annak legalább napi negyven cigarettáról kell lemondania. De még igy is elég kétes a statisztika, mert tulajdonképen nem a dohányzás az ami a legjobban árt, hanem a füst. Ahhoz pedig, hogy az ember füstöt inhaláljon, nem kell okvetlenül dohányoznia. Elég, ha az ujságban naponta közzétett levegő-pollucio indexének nyillal megjelölt számát lélekzi be. A nemdohányzásért járó 10 év tehát csak annak jár teljes egészében, aki közben falusi levegőt sziv, s a szél állandóan az erdő felől fúj, ahonnan megtöltheti tüdejét ózondús, friss levegővel. Erdőtűz esetén a szélnek ellenkező irányból kell fujnia, mert egy égő erdőből több füstöt lehet beszivni egy slukkal, mint napi negyven cigarettából, két héten át.

Az alkohol és zsiros ételek fogyasztásával hasonló a helyzet, mint a füsttel. Aki sokat iszik, az ne is számitson arra, hogy száz évnél tovább viszi. Töltöttkáposztát sem ajánlok azoknak, akik el akarják érni a maximumot. De aki töltöttkáposztát eszik, az igyon meg utána legalább is egy üveg sört, ami nem hosszabbitja ugyan meg az életét egy másodperccel sem, de nagyon jó.

A nősülésnél is visszás helyzet áll elő. Ahelyett, hogy azt mondanánk, aki nem nősül, meghosszabbitja az életét 10 évvel, azt is mondhatjuk, hogy aki megnősül, 10 évvel megröviditi. De itt sem lehet általánositani. Az élet megröviditése nem vonatkozik természetesen női olvasóimra, illetve házastársukra. Nagyon házsártos feleség, vagy tündéri szépségű asszony egyaránt megröviditheti férje életkorát. Legjobb a se-nem-szép, se-nem-csúnya, se-nem-jó, se-nem-rossz asszony. Ebben az esetben a férfi életkora a szeretőjétől függ.

Ha a sok futás meghosszabbitja az ember életét, akkor az öszszes futóbajnoknak hosszú életünek kellene lenni. Szorgalmas kutatói és statisztikai munkával tiz perc alatt rájöttem, hogy ez valóban igy van. Minden futóbajnok tiz évvel hamarább halt volna meg, ha nem futott volna.

Aki gondosan elolvasta a fenti táblázatot, jogosan szemrehányást tehet nekem, mert két olyan pont szerepel benne, amelyek homlokegyenest ellenkező tanácsot adnak a hosszú élet elérésére:

Aki lassan jár, tovább él, de hogyan lehet ezt összhangba hozni, hogy aki sokat fut, az is tovább él és különösen, miért pontozzuk a kettőt külön-külön?

A magyarázat nem is túlságosan komplikált. Naponta félórát szabad futkosni, vagy legfeljebb kétszer félórát. A nap többi részében azonban lassan kell járkálni. Vagyis, aki egész nap csak lohol, az nemcsak hogy nem lesz hosszúéletű, de még ennek a rövid életének is izzadtságszaga lesz.

S akik cinikusan azt mondják, hogy érdemes-e 120 évig aszkéta életet élni csak azért, hogy még húsz évig aszkéta életet élhessünk, azoknak azt tanácsolom, kérdezzenek meg egy öreg embert:

-Eleget élt már? - vagy másképpen - *Hajlandó-e vállalni az önmegtartóztatást minden vonalon, ha ezzel meghosszabbithatja életét?*

Csodálkozni fogunk, hogy milyen különböző válaszokat kapunk.

KAMATOS KAMAT, MEG EGYÉB CSALÁSOK

Ezt a szót akkor hallottam először, amikor összeverekedtem egyik barátommal, s akkorát boxoltam a szája fölé, hogy eleredt az orra vére.

-*Visszakapod még ezt, kamatos kamattal együtt -* mondta lőgve és hazaszaladt a mamájához.

Ugy, ahogy voltam, piszkosan, izzadtan, lihegve, azonnal leültem és kiszámitottam, hogy ha húsz éven belül kapom vissza a pofont, kamatos kamattal, akkor is legfeljebb kétszerakkora lesz, mert akkor még alacsony volt a kamatláb.

Később, a kereskedelmiben meg kellett tanulnom a

kamatos kamat képletét, amit még később elfelejtettem. Itt Kanadában senki sem tudja, mert táblázatokból állitják össze a kamatos kamatot, s azt hiszem, hogy aki a táblázatot elkésziti, még az sem tudja a képletet, csak a régebbi táblázatokból szedi össze az adatokat.

Erős a gyanum, hogy az, aki a legelső táblázatot elkészítette, elhibázta a számolást, mert a mostani táblázatokban valami hiba van.

Közvetlenül kivándorlásunk után olvastam egy unatkozó matematikus cikkében, hogy aki 350 évvel ezelőtt betett a bankba tiz dollárt, annak a kamatos kamatokkal együtt ma már több, mint egy milliója van. Eltekintve attól a csekélységtől, hogy háromszázötvenév után már nem sok hasznát veszi az ember a milliójának, ez mégis csak szép teljesitmény egy tizestől. Napokig bosszankodtam amiatt, hogy egyik ősömnek sem jutott eszébe az, hogy betegyen a részemre tiz dollárt valamelyik bankba.

-Tegyünk be mi tiz dollárt az utódaink részére - mondta a feleségem, aki mindig nagyon gyakorlatias volt.

Igy történt, hogy örököseim részére 1957 -ben nyitottam egy bankszámlát tiz dollárral. Azóta már többször előfordult, hogy szükségem lett volna erre a pénzre, de mindig erős voltam, s inkább kölcsönkértem, de ehhez a pénzhez nem nyúltam hozzá. Számitásom szerint azóta ez a pénz megduplázódott és ujabb 15-20 év múl va már negyven dollár lesz ezen a számlán. Ugy fogok végrendelkezni, - gondoltam, - hogy örököseim nem vehetik fel a pénzt, csak háramszázötven év mulva, s akkor valamelyik szép-szépunokám milliomos lesz.

Ez a szép álmom a mult héten foszlott szét, amikor

levelet kaptam a banktól, hogy fizessem meg a 84 cent költséget, ami a milliomos számlámon mint minusz mutatkozik. Gyönyörű kimutatást is mellékeltek hozzá, s ebből azonnal kiderült, hogy az évi egy dolláros költséget nem fedezték a kamatok, s a tizes, ahelyett, hogy megkétszereződött volna, évről évre kevesebb lett, mig most végre minuszba került.

Tiz dollárért megtudtam, hogy nem lesznek milliomos szép-unokáim.

Ha rosszabb hangulatban lennék, most azt mondanám, hogy a kamatos kamat becsapott. De a valóság az, hogy én csaptam be önmagamat.

De azért voltak esetek, amikor mások csaptak be.

Az egyik rádióállomás mindennapos műsorán szerepel egy programm, amikor kikérdezik az embert a hirekböl. A rádióbemondó fel tárcsáz valakit vaktában a telefónkönyvből és ha a kérdezett jól felel, megkapja azt az összeget, ami a rossz feleletek következtében addig összgyűlt. Előfordult már, hogy ez a főnyeremény felment párszáz dollárra. S ennek rengeteg oka lehet. Mert ha a feltárcsázott hallgató nincs otthon, akkor ez rossz feleletnek számit és emelik a dijat. Ha otthon van, de nem hallgatta reggel a híreket, nem tud válaszolni. De még az is előfordul, hogy valaki otthon van, hallgatta a hireket és mégsem emlékszik arra, amit válaszolnia kellene. Valahogy így:

-Misiss Johnson?

-Igen, én vagyok.

-Ez a CFKLOWPSRTMFC rádió.

-Hello, Jack! - Ezt úgy mondja, mintha az unokaöcc-

sével be szélne. S ebből már az is nyilvánvaló, hogy gyakran hallgatja a fenti rádióállomást, tehát remény van arra, hogy jól fog felelni.

A lényeg előtt még váltanak néhány közvetlen szót, Jack megkérdezi a nőtől, hogy hogy érzi magát, milyen volt eddig a mai napja és milyen arrafelé az időjárás, s az "arrafelé" talán éppen a szomszédos utcában van. Erre Mrs. Johnson elmondja, hogy jól van, reggel apróbb bajai voltak a gyerekekkel, mert a kisebbik leöntötte kávéval a nagyobbikat...nem, nem véletlenül, szándékosan, mert a nagyobbik kivette a kisebbik cipőjéből a fűzőt...nem, nem azért, mert szüksége volt rá, hanem mert a kisebbik előző este... és ez igy megy, visszavezeti az egész történelmet, az események láncolatát, ami azzal kezdődött, hogy a kicsi kiejtette a szájából a cuclit és a nagynak kellett felvennie, mert a kicsi még pólyában volt. Végre elérkeztünk a nagy kérdéshez:

-A mai hirekben bemondtuk, hogy egy ablaktisztító, egy irodaépület ablakainak tisztítása közben leesett az utcára. Kérdésünk: mi volt a foglalkozása, hányadik emeletről esett le, mi történt vele és hogy hivják. Figyelmeztetem Mrs. Johnson, mind a négy kérdésre helyesen kell felelnie, s ebben az esetben máris póstára adjuk a négyszáztizenhat dollár ötven centet.

Mrs. Johnson habozik.

-Igényve vehetem a gyerekek segitségét?

-Hogyne. De nincsenek iskolában?

-De igen.

-Próbálja csak meg, Mrs. Johnson, majd segítünk.

Első kérdés tehát, mi volt az illető foglalkozása?

-Ablaktisztitó? - kérdi bátortalanúl a hölgy.

-Nagyszerü! Az első kérdésre tökéletesen válaszolt, minden segitség nélkül. No és hányadik emeletről esett le az ablaktisztító?

-Tizen...

-Nem, nem gondolkozzék csak Mrs. Johnson. Magasabbról.

-Huszon..

-Na, na, még tegyen hozzá egy párat...

-Huszonkettő.

-Remek, elsőrendű, már csak két kérdés van hátra. Mi történt vele?

-Meghalt.

-Nem, nem halt meg, egészen csodálatosan megmenekült, mintha csak macska lett volna...

-A talpára esett? - kérdi megdöbbenve az asszony.

-Igen, igen, kitünő, most már csak egy aprócska kis kérdés van hátra, hogy hivják az illetélt?

Hosszú csönd, a nőnek fogalma sincs az egészről, eddig is halandzsázott, de a nevet nem lehet halandzsázni. A bemondó pedig, mintha kicserélték volna, nem segit.

-John... ?

-Nem, nem John!

-Tom?

-Nem is Tom, sajnos, az időnk lejárt Mrs. Johnson, sajnálom, de bármilyen kitünően is válaszolt az első kérdésekre, nem nyerte meg a főnyereményt. Majd legközelebb... Vigaszdijként azonban küldünk egy tucat valódi harisnyát.

Mrs. Johnsont véletlenül ismerem, de ritkán szoktunk találkozni. Legutóbb, körülbelül egy évvel a fent leirt rádióelőadás után összejöttünk valahol. Mivel végighallgattam annakidején az egészet, s nem tudom milyen csoda folytán emlékeztem is rá, részvétemet fejeztem ki amiért nem nyerte meg a főnyereményt.

-Én nagyon örülök annak, hogy nem nyertem meg - válaszolta finoman mosolyogva

-Miért?

-Mert a vigaszdijat, a tucat harisnyát sem kaptam meg. Képzelje, mennyire felizgatott volna, ha megnyerem a négyszáz dollárt és azt nem kapom meg.

CINKOSOK

Kétféle házasságot ismerek. Az egyik az, amelynek gyümölcse van, azaz az évek során összegyüjtöttek egy-két gyereket, a másik pedig a boldog házasság.

Csak egy-két gyerekről beszélek, mert még elképzelni is rossz azt, hogy ennél több legyen. Igy is végigfut a hátamon a hideg, ha eszembejut házasságunk első éveiből néhány jelenet. Amikor a gyerek minden éjszaka kettőkor orditani kezdett és reggel hatig egyfolytában üvöltött, csak hat óra után, amikor megkapta az ennivalóját, akkor vett lélekzetet. Amikor már kicsit nagyobbacska lett és az ember reggel gyanútlanúl elment munkába, s estére hazaérkezve a felesége halottsápadtan fogadta:

-*A gyereknek bárányhimlője van...*

Később, hasonló jelenet ismétlődött meg a diftériánál, mumsznál, tüdőgyulladásnál és a többi gyerekbetegségnél.

No de nem akarom itt gyermekem életét felsorolni. Csak arról van szó, hogy mi szülők, cinkosok vagyunk. Mi tudjuk!

Amikor Krepnyicsek eldicsekszik azzal hogy tizennégy éves fia a legjobb tanuló az osztályban, akkor rámkacsint és ebből megtudom, hogy amit mondott az igaz, de valamit elhallgatott. Valószinüleg dohányzik a gyerek, vagy ópiumot sziv, esetleg csak egyszerű nemibetegséggel rendelkezik.

Ha Csilinkáné elmondja nekem, hogy tizennyolc éves fia milyen jó gyerek, mert minden születésnapjára hoz neki egy csokor virágot és nem kacsint hozzá, akkor is tudom, hogy a fiuval valami más baj van. Vagy bepisil éjszaka, vagy marijuanát sziv, vagy megdézsmálja anyja pénztárcáját.

S minél idősebb a gyerek, annál több baj van vele és annál komolyabbak a bajok. Mi, szülők, tudjuk ezt, de mindig másról beszélünk. Ezért vagyunk cinkosok.

Kevés szülőtől hallottam még a következő nyilatkozatot:

-Az én fiam a legsötétebb gazember, akit valaha anya a világra hozott. Nem azért mondom mert az én fiam, de csal, lop, hazudik és ha nem a gázkamrában fogja végezni, hanem egyszerűen felakasztják, akkor főnyereményt csinált.

Avagy:

-Az én lányom olyan. Lusta, dolgozni nem akar, mégis mindig tele van pénzzel, uj ruhákat vásárol és hajnalban jár haza. Biztosan éppen ezért van pénze.

Lehet, hogy neki van igaza és minket neveltek rosszul.
- Amivel őnagysága azt akarja mondani, hogy ő viszont jól nevelte a lányát.

De legyünk őszinték, mi szülők, kacsintsunk egymásra, mint jó cinkosokhoz illik és valljuk be, hogy még ma sem értünk a gyerekneveléshez, mert még azt sem tudjuk, hol rontottuk el...

1. Az előbbi két példát, a "sötét gazembert" meg az "olyan lányt" csak azért említettem hogy az olvasó megkönnyebbüljön. Azért ennyire mégsem rontotta el gyermeke nevelését. De hogy elrontottuk, arra bizonyitékaim vannakA mai fiatalok gondozatlansága és ápolatlansága. Ne tessék azt mondani, hogy mi nem tehetünk erről, mert mi neveltük őket. S akár akartuk, akár nem, ilyenek lettek, tehát ilyeneknek néveltük őket. Hiába küldtük a gyereket naponta százszor is kezetmosni, hiába nem kapott addig reggelit, mig fogat nem mosott, vagy nem vehetettfel tiszta fehérneműt, mig meg nem fürdött, az eredmény azt mutatja, hogy valamit elrontottunk. Talán nem kellett volna ragaszkodnunk a tisztasághoz, a fésülködéshez és friss fehérneműhöz. Talán az lett volna a helyes, ha besározzuk a gyerek kezét étkezés előtt és szurokdarabkákat ragasztunk a hajába, hogy ne is tudjon fésülködni. Ki tudja?

2. A nemzedékek közötti szakadék (generation gap). Emlékeztetem az olvasót, hogy amikor a gyerek megszületett, semmiféle szakadék nem volt közöttünk. Mi tanitottuk meg járni, s akkor még eszébe sem jutott kétségbevonni azt, hogy a jobblába után a ballábát kell előre tenni. Megtanitottuk beszélni és akkor még nem vitatkozott azon, hogy a kávé szó valóban kávét jelent-e, vagy valami mást. Mi irányitottuk gondolatait és fejlddését. A szakadékot tehát mi idéztük elö, hiába is próbáljuk ezt rájuk kenni. Mi irányitottuk gondolatait abba az irányba, amiből azután kifejtődött a szakadék. S minél tovább irányi-

tottuk ezeket a gondolatokat, annál mélyebb lett a gödör, annál jobban eltávolodott egymástól a két part.

Mentségünkül mindenesetre felhozom, hogy már Turgenyev idejében is létezett ez a szakadék, sőt, ha visszamegyek a történelemben néhány ezer évet, a két nemzedék között mindig volt valamilyen űr, vagy távolság, vagy nevezzük, ahogy akarjuk.

Vigasztalásúl pedig biztositom olvasóimat, hogya mai generációból ugyanúgy lesznek ügyvédek, orvosok, birók, miniszterek és milliomosok, mint az előzökből. A kérdés csak az, hogy milyen ügyvédek, illetve orvosok lesznek? Viszont ez már bennünket nem túlságosan érint, mert ők egymást fogják gyógyítani, egymásnak a peres ügyét viselni és egymást fogják politikailag vezetni.

Vagyis röviden: amit mi főztünk, azt ők eszik meg...

FILMET KÉSZITÜNK

Eredetileg a feleségem ötlete volt.

-Miért nem készitünk félórás vigjátékot? - kérdez-te. - Minden felszerelésünk meg van hozzá, filmfelvevő, vetitő, magnetofón. Hat tekercs filmből kijönne az egész.

Azonnal izgalomba jöttem.

-Remek ötlet. Mi ketten fogunk szerepelni, előre megirjuk a jeleneteket, próbálunk, mintha "igazi" filmet csinálnánk.

Azonnal leültünk és kiszámitottuk, hogy Rowan és Martin mintájára, kis jelenetekből állitunk össze félórás műsort.

-Nekem szükségem lesz egy-két parókára - mondtam és már láttam is lelki szemeimmel, - amint

ősz, bajuszos bácsinak maszkirozva, lassan lefordulok az utcai padról. - *Alszakáll, álbajusz, még így is a világ legolcsóbb félórás vigjátéka lesz.*

-Igen - válaszolta nejem - *még akkor is, ha veszünk egy új ágytakarót.*

Megdöbbentem kaptam fel a fejem.

-Minek kell a filmhez uj ágytakaró?

-Nem a filmhez kell. Azért kell, mert a régi már kopott.

-Nem kell uj ágytakaró - jelentettem ki határozottan és hozzákezdtem az első jelenet kidolgozásához. De még az első mondatot sem fejeztem be, amikor őnagysága beleszólt:

-Egyedül akarod megirni az egészet?

-Hát ki az iró a családban? - kérdeztem fölényesen. De nem akartam megbántani, ezért hozzátettem: - *de ha van valami jó ötleted...*

-Igenis van. Nagyon humoros lenne, ha csinálnánk egy szakitumi jelenetet.

-Mi az, hogy szakitumi?

-Tudod jól, amikor valaki azt mondja, szakitumi és erre nyakonöntlek egy vödör viz zel.

-Hmmm. Van benne valami, de azt hiszem, sokkal humorosabb lenne a jelenet, ha én öntenélek téged nyakon.

-Na ne izélj! Csak nem félsz egy vödör viztől? Fel is melegithetem...

-Az ötlet nem jó. Ezt próbálni kell, ami egy csomó ruhatisztitásba kerül. Meg aztán hol tudunk a lakásban egymásra önteni egy vödör vizet?

-Nem egymásra önt jük, hanem én öntöril rád - felelte angyali mosollyal.

-Rendben van, tegyük fel, hogy te öntöd rám. Hol? A fürdőszobában? Ott esetleg lehetne, de ez nem humoros. A szobában pedig nem lehet, mert tönkremegy minden.

-Lemondok a szakitumiról, ha kapok egy uj ágyteritőt.

Erre rettenetesen méregbe gurultam.

-Nem hagyom magam zsarolni! Nincs uj ágyterítő és nincs szakitumi. A jelenetek megirását pedig bizd rám.

Tiz percig nem beszéltünk egymással, ami nálunk világrekord.

De hamarosan ismét nyakig merültünk a tervezgetésbe. Elővettem a fényszórókat (ami két 300 wattos lámpa), megbeszéltük, hogy a szoba melyik sarkát alakitjuk át műteremnek, milyen kellékekre van szükségünk, amit magunk is el tudunk késziteni. Elhatároztuk, hogy a gépet állványra állitjuk és ha egyszerre szereplünk mind a ketten, akkor önkioldó zsinórt használunk. Abban is megegyeztünk, hogya szöveget elmondjuk ugyan, de a magnetofonra utólag fogjuk szinkronizálni, hogy a hangszalagot ne kelljen szétvagdalni.

A szakitumiról többet szó sem esett.

Első jelenetünk a pszichiaternél játszódott le. Feleségem játszotta az orvost, hosszu ősz hajjal és koromfekete bajusszal (mert nem kaptunk ősz álbajuszt). Én a chesterfieldre feküdtem, amiből mindenki kitalálhatja, hogy én voltam a páciens. Nadrágomra két indián fejet pingáltam temperával, mert ez hozzátartozott a darabhoz. De akkor is ráfestettem volna, ha nem tartozik oda, mert nagyon szeretek indián fejeket festeni, tarka tollazattal.

Már negyedszer próbáltuk a jelenetet, amikor őnagyságának hirtelen ötlete támadt:

-Nagyon humoros lenne, ha a jelenet végén egymás arcába nyomnánk egy habos tortát. Ezt az amerikaiak nagyon szeretik.

-A habos tortát én is szeretem, de általában nem az arcomra szoktam kenni. Sem másokéra.

-Ah - mondta legyintve - *te semmi jóban nem vagy benne, pedig a torta még csak kárba sem veszne, mert a jelenet után meg*

ehetnénk.

-Igen? - kérdeztem. - *Na és kinek az arcáról ennénk? A tiedről, vagy az enyémről, vagy esetleg mindenki a sajátjáról.*

-Ma nem lehet veled okosan beszélni. Ugy látszik ideges vagy. Dőlj le egy órára és aludjál. Majd ha felébredtél, beszélgetünk.

Az ötletet elfogadtam és leheveredtem a chesterfieldre.

Feleségem békülékenyen odajött hozzám, lehúzta

lábaimról a cipőt, megsimogatta az arcomat és átküldött az ágyba, mert ott kényelmesebb.

Át-totyogtam az ágyhoz és végigheveredtem az állitólag kopott ágyteritőn. Mielőtt elaludtam, még arra gondoltam, hogy semmi értelme sirics annak, hogy ujat vegyünk. Tiz évig jó volt, egy-két évig még kibirjuk.

Nyugodt mosollyal aludtam el és álmomban pajkos kislányokkal pajzánkodtam, ami a legkellemesebb álmaim közé tartozik.

Arra ébredtem fel, hogy a fényszórók az arcomba sütnek. Nem nyitottam fel a szemeimet, meg akartam várni, mig teljesen felébredek. Hallottam, hogy nejem matat a szobában, majd meginditja a filmfelvevőt.

Aha, le akarja filmezni, ahogy édesdeden felébredek. Már éppen tervezgettem, hogyan fogom csinálni... elöbb megrebben a szempillám, azután lassan kinyitom a szemem, körülnézek...

Ekkor hirtelen egy csomó hideg viz zúdult a nyakamba.

Felpattantam ülő helyzetbe, de természetesen már késő volt. A viz lassan csurgott a fejemről az ingemre, onnan a nadrágomra, ahol feloldotta az indián tollazatán lévő élénk szineket és az ágyteritőre már a piszkos, festékes lé folydogált.

Feleségem hangosan nevetett és egyre azt ismételte, hogy "szakitumi, szakitumi..."

Tiz perc múlva kibékültünk. Megállapitottuk, hogy milyen ügyesek voltunk, hogy lerántottuk az ágyteritőt az ágyról, mielőtt átázott volna, s igy nem kell uj ágyakat vennünk. Viszont uj ágy teritő úgyis kellett volna.

Most izgatottan várjuk vissza a filmet. Remélem, hogy az első felvétel sikerült, mert nem szivesen ismételném meg a "szakitumi" jelenetet.

Amikor szemrehányást tettem őnagyságának, hogy igazán felmelegithette volna a vizet, legalább langyosra, azt válaszolta, hogy ez túl sok mozgással járt volna és nem akart felébreszteni.

REND ES TISZTASÁG

Az ember a rend és tisztaság szeretetét nem örökli. Inkább a korral jár és szükségszerüségnek is nevezhetném. Mert fiatal korban, amig jó memóriája van az embemek, bárhová teszi az ollót, ha szüksége van rá, azonnal megtalálja. Ahogy azonban öregszünk, romlik az emlékezőképességünk és ha valaha is meg akarjuk találni az ollót, mindig ugyanarra a helyre kell elraknunk. Persze, ez nemcsak az ollóra vonatkozik, hanem minden egyébre is. Igy alakúl ki az emberben az a tulajdonság, hogy mindent visszatesz a "helyére", vagyis oda, ahol később meg is lehet találni.

A tisztaság szeretete ezzel szemben még ma is rejtély előttem. Az ember gyermekkorában határozottan nem szereti a tisztaságot, s mindent el is követ annak az érdekében, hogy ne maradjon huzamosabb ideig makulátlan sem a ruhája, sem a keze, sem a nyaka. Ez a piszok-szeretet megmarad a kamaszkorban is, sőt, még később is. Ezért teljesen érthetetlen az, hogyan lesznek a gondozatlan, fésületlen, piszkoskezü ifjakból egy csapásra pedáns, tiszta, rendszeretél öregemberek.

De bármennyire szeretem is a rendet és tisztaságot, nem szeretem, ha valaki túlzásba viszi a dolgokat.

Szinte elképzelhetetlen a következő jelenet: az angyali szőke tündérkislány először megy fel a fiatalember lakására és hosszas unszolásra levetkőzik. Az ifjú pedáns, rendszerető fiatalember. Miután a kislány ledobta a földre ruháját, bugyiját és melltartóját, a férfi lehajol, egyenként felveszi a ruhadarabokat és gondosan összehajtva a szekrénybe teszi. Azután maga is vetkőzni kezd: leveszi a nyakkendőjét és beakasztja a nyakkendőtartóra, leveszi az ingét, gondosan összehajtogatja és berakja a fiókba, azután leveszi a nadrágját, szintén búgra hajtva ráteszi a nadrágfogasra, esetleg utólag benyálazott ujjal meghúzza a búg helyét. Cipőjét sámfára húzza és benyomja az ágy alá. Miután mindezzel elkészült, csodálkozva néz körül és megkérdezi a pihegő kislánytól:

-Mit is akartunk tulajdonképen?

A kislány pedig, aki az idegességtől már a haját harapdálja s a pokolba kivánja a fiut minden ruházatával együtt, néhány év mulva, asszony korában megköveteli férjétől, hogy igy viselkedj ék. Szinte hihetetlen.

Amennyire vissza tudok emlékezni hosszú házasságunkra, feleségem mindig morgott, amiért este ruháimat csak úgy odacsaptam egy székre, vagy asztalra, vagy valamire, ami éppen kéznél volt. Huszonhat évi házasság után beszereztünk egy úgynevezett fa-komornyikot, amelyre rá lehet tenni az összes éjszaka nem használt ruhadarabot, sőt, még a pénztárcának és cigarettának is van rajta hely. S aki azt hiszi, hogy ezzel megoldódott a rend és tisztaság tisztelete nálunk, az téved.

Feleségem kivánságára éjszaka többször fel kell ülnöm ágyacskámban, s megfésülni a hajamat, mert nem szereti, ha kócosan alszom. Legalább kétszer pizsamát kell váltanom minden éjjel, mert az ember nem alszik gyűrött pizsamában. Hajnalban kelek minden nap, hogy megborotválkozva, frissen keltbessem fel nejemet, mert különben szememre hányja, hogy rémesen nézek ki reggel, nemcsak hogy hiába fésülködtem meg éjszaka háromszor is, de kinőtt a szakállam és semmit sem gyűlöl jobban, mint a borostás állú férfiakat.

De nemcsak éjszaka vannak ilyen problémáink. Most már nappal is rájött a tisztaság-szeretet. Vacsoránál, ha étkezés közben iszom, azonnal ki veszi a kezemből a poharat és kiszalad a konyhába, hogy elmossa, mert fél, hogy esetleg magam után fogok inni és ujjlenyomatom ott volt a pohár oldalán. A paprikáscsirkét csak félig ettem meg, amikor hoz egy tiszta tányért, s gondosan elválasztja az érintetlen csirkét a lerágott csontoktól és a maradékot tiszta tányérra teszi át.

Vacsora után elkeseredetten gyujtok rá. Az első szippantás után odarohan az ablakhoz, hogy kiszellőztessen, mert összefüstölöm a házat. A hamutartóink mindig tiszták, mert amint belepöccintek egy kicsit, azonnal felkapja és kiszalad a konyhába, elmosni.

De ez mind semmi. Izelitőül elmondom, mi történt a mult héten.

Vacsora után a fotelben ültem és ujságot olvastam. A lakás már füstmentes volt, kicsit köhögtem a sok szellőztetéstől, de ez nem fontos. Egyszerre csak észrevettem, hogy feleségem merően néz.

Nem tudtam, mi lehet a baja. Végigsimitottam államat, s éreztem, hogy szakállam bizony kinőtt reggel óta. Letettem hát az ujságot, kirohantam a fürdőszobába, megborotválkoztam és visszaültem a fotelbe.

Ő azonban még mindig mereven nézett.

Mi lehet a baj?

Ujra kimentem, megfésülködtem. Merev pillantása semmit sem változott, amikor visszaültem a helyemre. Ezután még legalább tizenötször kiszaladtam, hogy igazitsak valamit magamon. Tiszta inget vettem. Kipucoltam a cipőmet. Megigazitottam a nyakkendőmet. Másik nyakkendőt vettem fel. Semmi sem segített. Végül, amikor már kimerültem a sok szaladgálástól, megkérdeztem tőle:

-Mit nézel rajtam? Mi nem tetszik?

-Piszkos a szemüveged - mondta fahangon. *-Hogy lehet ilyen piszkos szemüveggel ujságot olvasni?*

MITOLÓGIA

Ahogy tanulmányozom a mitológiát, mindig jobban és jobban belezavarodok a nevekbe. Lassacskán kiderül, hogy a rómaiak átvették a görög mitológiai alakokat, de átkeresztelték őket. Igy az istenek két névvel rendelkeznek: Zeus azonos Jupiterrel, Hades Plutóval, Cronos Saturnussal és igy tovább. S ha ez a sok kettősség nem okozott tudathasadást az isteneknél, könnyen Verdun-be vezérelheti a felületes olvasót.

Ha valaki igénybe akarná venni a lexikont, azzal sem menne sokra, mert gyakran még azt sem lehet megállapítani, hogy melyik a görög és melyik a római neve ugyanannak az istennek.

Itt van például a fény istene, Apollo. Apukája Jupiter volt, anyukája pedig Latona. Sem a görög, sem a római mítológia nem beszél arról, hogy ezek ketten valaha is összeházasodtak. De ugyanigy nem házasodott össze Jupiter későbbi és elöbbi barátnőivel sem, mert egy felesége már volt és ez még egy istennek is elég, különösen akkor, ha az asszony egyúttal a testvére is. De a sok barátnőjével istenien élt és egyre több gyereke született. Mivel általános szabály volt az, hogy akinek az egyik szülője isten, a másik pedig nem, az csak félistennek számított, Apollo ehhez képest elég sokra vitte, mert amellett, hogya fény istenévé nevezték ki, ő lett még a jóslatok istene és a művészetek pártfogója is, valamint róla nevezték el az első holdrakétákat.

Latonáról, Apollo mamájáról nem sokat mond a monda, s azonkivül, hogy rövid ideig Jupiter szeretője volt és hosszabb ideig Apollo mamája, nem sok vizet zavart. Amikor Latona a kis Apollot szidta, rendszerint azt mondta neki:

-A félistenit annak a hülye fejednek...

Ez a drákói szigorral lefolytatott nevelés Delos szigetén történt, amely sziget arról volt nevezetes, hogy ide-oda úszkált a tengerben, mint egy rosszul nevelt bálna, mindaddig, mig oda nem láncolták a tenger fenekéhez. Ez a tengernek elég kényelmetlen lehetett. Képzeljük csak magunkat a tenger helyébe, mit éreznénk, ha nekünk lácolnának egy szigetet a fenekünkhöz.

Apollonak rengeteg zűrje volt, mert Jupiter villámival sujtotta Apollo egyetlen, orvosnak készülő gyermekét. Mindez pedig azért történt, mert a fiatal orvos életre keltett egy holtat. Jupiter alaposan agyonsujtotta ezért az ifjút és ezért azóta egyetlen orvos sem merészel holtakat életre kelteni. Apollo bosszúra szomjazott, de mert Jupiternek nem tudott ártani, a Cyklopszokon állt boszszút, akik a villámot kovácsolták. Mert akkoriban, ősi szokás szerint, a villámot még kovácsolták. Ezért az elhamarkodott cselekedetéért Apollot félistenből elöbb teljes juhásszá degradálták, később pedig, amikor már kitanulta a szakmát, Troja falait segitett felépiteni.

Itt meg kell állnunk egy percre, főleg a Cyklopszok miatt. Ezek rém fura emberek voltak, mert homlokuk közepén csak egyetlen egy szemmel rendelkeztek. Ennek az a magyarázata, hogy kovácsmunkájukat Vulcan kovácsműhelyében kellett elvégezniök, ami valamelyik tűzhányó gyomrában volt. Egy szemmel könnyebb elviselni azt a pokoli hőséget, mint kettővel. A tűzhányókat még ma is vulkánnak hivják, az egyszemű embereket pedig ciklopszoknak.

A mende-monda szerint a cyklopsok óriások voltak, vadak és emberevők. Szemüveget főleg azért nem hordtak, mert nem tudtak hordani. Szemük, amint már említettem, a homlokuk közepén helyezkedett el és hiába támasztották a szemüveget az orrukra, vagy a fülükre, nem ért fel a szemükig. De ha felért volna, azzal sem mentek volna sokra, mert a két üveg között néztek volna ki. Mind: ezt annak köszönhették, hogy nem hordták elég magasan az orrukat, amely esetben legalább csiptetőt használhattak volna. Ez a szemüvegtelenség volt egyik oka annak, hogya Cyklopsok sohasem olvastak; a másik ok, hogy analfabéták voltak.

Apollo korának egyik legjobb orvosa volt (a másikat, mint tudjuk, Jupiter agyonvillámcsapta). De mint üzletember, megalapitotta a Delphi nevű városban a jósdát, amelyet helytelenűl Delphi jósdának nevezünk, holott Delphi-i jósdának kellene. Rengeteg jóslata maradt fenn az utókor számára, amelyet az orvosok még ma is használnak. Egyik legelterjedtebb jóslata volt a:

-*Hmmmmmmmm...* , másik, kevésbbé elterjeő pedig a:

-Nna, majd meglátjuk...

További, alig ismert jóslataiból a következőkben közlünk néhány izelitiét:

-Ha ennyit iszik, annak rossz vége lesz ...

-Ha ennyit dohányzik, annak rossz vége lesz ...

-Ha ennyit (ide behelyettesitendő bármilyen ige), annak rossz vége lesz!

A legcsodálatosabb az egészben az, hogy jóslatai eddig mind bekövetkeztek. Mindenkinek rossz vége lett, aki elég hosszú ideig csinált bármit.

***

Sok furcsa dolog olvasható a mitológiában, de a legtermészetesebb magyarázatát a Meduzának találtam. Emlékszik kedves olvasó, ugy-e, hogy Meduza egyike volt a Gorgon Sister-eknek, akiknek a haja helyén sziszegő kigyók tekeregtek és aki csak egy pillantást vetett a szörnyetegnők arcára, az menten kővé változott.

Nos, ennek a hátborzongató mesének nyilvánvalóan alapjai voltak. Ugy gondolom, hogy akkoriban, amikor a nők simára fésült hajat hordtak, elég nagy feltünést keltett a három rosszhirü Gorgon leánynak az ondolált haja. A hajcsavarót is nyilvánvalóan ők találták fel és dús hajukat csigába fonva hordták az utcán. A férfiak valóban megálltak, hogy megbámulják őket, de a kővéválás legalább kilencvenöt százalékban mese.

Amikor a görög asszonyok látták, hogy férjeik elhidegülnek, s mind gyakrabban látni őket abban az utcában, ahol a rosszhirü Gorgon leányok laktak, kitalálták a megfelelő mesét, amivel elijesztették a férfiakat a fehér arcú, de sötét mesterségü, kibodoritott hajú leányzóktól.

Elterjesztették azt a hirt, hogy a hajuk kigyókból van és aki egyetlen pillantást vet az arcukra, az halálnak halálával kővé változik.

A férfiak kis része elhitte a mesét és messzire elkerülte a három nő házát, a többiek azonban továbbra is odajártak dőzsölni és paráználkodni. Amikor azután annyira rosszabbodtak a dolgok, hogy a férjek minden szombat este pénz nélkül, tökrészegen jöttek haza, a feleségek összeálltak és felbérelték Perseust, hogy ölje meg Meduzát, a legcsinosabbat a három közül.

Perseus a jelmezkölcsönzőből szárnyas cipőket szerzett, még Pluto pajzsát is kölcsönvette, s ezek, mint mindenki tudja, láthatatlanná tették őt. Ekkor fogott egy tükröt, hogy annak segitségével vágja le Meduza fejét (mert ő is elhitte a dajkamesét, hogy kővé változik) azonban kisebb komplikációk merültek fel. Amikor ugyanis Perseus láthatatlanná vált, nem látta a kezében tartott tükröt sem. Mert ha ő látta volna, akkor Meduza is észrevette volna a levegéjben lebegő tükröt, ami módfelett gyanussá válhatott. Ezért hát Perseus vasárnap hajnalban, amikor a három szörnyetegnő kimerülten aludt az előző éjszakai dorbézolás miatt, levágta mind a háromnak a haját. A parókát akkor még nem ismerték, igy hát mind a három Gorgon leány munkanélkülivé lett és örökre eltüntek a városból.

Fodor András

MIÉRT NINCSENEK ILLUSZTRÁCIÓK...

-*Művész úr* - mondtam a közepes tehetségü rajzolónak - *nagyon lekötelezne, ha illusztrálná most készüld könyvemet.*

-*Boldogan* - felelte a nagyhajú ifjú és búcsu nélkül távozott.

Gondoltam, csak félreértésről lehet szó és félóra múlva felhivtam telefónon.

-*Azt hiszem művész úr, az imént félreértette kérésemet. Azt szeretném, ha rajzokat készitene legújabb könyvemhez.*

-*Most mit piszkál?* - kérdezte idegesen. - *Mondtam már, hogy boldogan megteszem* - és lecsapta a kagylót.

Ujabb félóra mulva megint felhivtam.

-Igazán nem szeretnék alkalmatlankodni, méltóságos művész úr, de meg szeretném kérdezni, hogy mikor óhajtja boldogan elkésziteni a rajzokat.

-Nagyon sürgős? - kérdezte nyersen.

-Eléggé. Ugyanis a szedés már teljesen kész és ha meg lennének a rajzok, akkor már el is lehetne kezdeni a nyomást.

-Majd két-három nap mulva beugrom...

Ebben maradtunk. Elmúlt két nap, majd három, s akkor döbbentem rá, hogy a művész úr nem tud szpellolni, mert ahelyett, hogy beugrott volna, berúgott. A különbség mindössze egy betü áthelyezése. Kijózanodása után következő napon azonban mégis beállitott. Rögtön láttam, hogy már nincs beállitva.

-Hol az a könyv? - kérdezte minden bevezetés nélkül.

-Itt van, ha akarja elolvashatja, de elvinni nem lehet, mert...

-Nincs nekem időm arra, hogy olvassak. Mondja meg, mit rajzoljak.

Megmondtam röviden, mit szeretnék. Igazán nincsenek nagy igényeim, három-négy rajzot készitsen, kapásból kiválasztottam négy témát.

Megértően bólogatott, s amikor éppen azt magyaráztam, hogy szeretnék egy fa alatt meztelen férfit és nőt, de vigyázzon, nehogy úgy nézzen ki, mintha Ádám és Eva lenne, akkor még mielőtt eddig eljutottam volna, sarkon fordult és elrohant. Azt hittem, rájött az alkotási láz, azért siet annyira. De amikor egy hét múlva még mindig nem jelentkezett, ismét telefonáltam neki.

-Kegyelmes művész úr - kezőem finoman - *mély tisztelettel érdeklődöm...*

-Küldjön érte, készen van.

Szokás szerint letette a kagylót, pedig szerettem volna kérdezni egyet-s-mást. Azonnal taxiért telefonáltam, hogy hozza el rajzot a művész úrtól. Elhozta, négy dollárba került és izgatottan bontogatni kezdtem a gondosan leragasztott kartonlapot.

Egyetlen egy rajz volt, Diefenbaker karrikatúrája.

-Fenséges művész úr - mondtam a telefónba, de már kicsit mérges voltam.

Félbeszakitott:

-Mi az, talán nem tetszik a rajz?

-Ellenkezőleg, a rajz kitünő. De hogy kerül Diefenbaker az én humoros könyvembe?

-Elég helytelen, hogy nem ir róla. Nagy ember.

-Idefigyelj te csibész - üvöltöttem kicsit idegesen. - *Diefenbaker annyira elavult, hogy már az iskolákban sem tanitanak róla.*

-Ne kiabáljon - mondta halottsápadt hangon. *-Ha ennyire ért hozzá, csinálja meg maga az illusztrációit.*

Szokása szerint lecsapta a kagylót, ennek ellenére még vagy öt percig üvöltöztem és lehordtam őt a sárga földig. Azt itt teljesen fölösleges megjegyeznem, hogy a föld nem sárga. Ami sárga, az vagy homok, vagy agyag. A föld legjobb esetben barna, de inkább szürkéspiszkos fekete.

Nekiálltam, hogy elkészitsem a rajzokat. Egész éjszaka kinlódtam, mig rájöttem, hogy nem tudok rajzolni. A hajnallal együtt derengeni kezdett nekem is, hogy sohasem tudtam rajzolni. Más nap este azért makacsúl ismét próbálkozni kezdtem, mig éjfél felé komolyan fontolgatni kezdtem a Diefenbaker karrikatúrát.

A negyedik álmatlan éjszaka után megállapitottam, hogy mégis tudok rajzolni, csak éppen az izlésem és a tehetségem nem egyeznek. Amit le tudok rajzolni, az nem tetszik. Ami tetszene, azt nem tudom megcsinálni.

Annyira elkeseredtem, hogy főbe akartam lőni magam. Már percek óta turkáltam iróasztalom fiókjaiban, mig eszembe jutott, hogy nincs is revolverem.

De még csak egy üveg cyankalit sem találtam.

Ekkor határoztam el, hogy kinyomatom a könyvet illusztrációk nélkül. De ekkor már annyira kimerültem, hogy az iróasztal mellett ülve elaludtam.

Még most is alszom.

UTÓSZÓ

Irta: Fodor Andrásné, született mártir.

Az utolsó szó jogán kijelentem, hogy mindazok a humoreszkek, amelyben a szerző a feleségéről ir, kitalált történetek, a feleség pedig költött személy, (aki eddig mindent elköltött).

Ha ez nem igy lenne, akkor ez a harminc humoreszk negyven válóokra szolgáltatna alapot, ennyire pedig nincsen szükségem.

Egy is elég.

Válóperes ügyvéd kerestetik, tel.:123-4567.

Fodor András

Fodor András